当代拉美管理教育发展路径

[墨] 加布里埃尔·阿尔瓦拉多
[英] 霍华德·托马斯
[英] 林恩·托马斯
[英] 亚历山大·威尔森
/
著

朱文忠 倪诗玮 向祎清
/
译

LATIN AMERICA
MANAGEMENT EDUCATION'S GROWTH AND FUTURE PATHWAYS

经济管理出版社
ECONOMY & MANAGEMENT PUBLISHING HOUSE

北京市版权局著作权合同登记：图字：01-2020-4970
LATIN AMERICA：MANAGEMENT EDUCATION'S GROWTH AND FUTURE PATHWAYS
by GABRIELA ALVARADO，HOWARD THOMAS，LYNNE THOMAS AND ALEXANDER WILSON
ISBN：978-1-78756-808-2

图书在版编目（CIP）数据

当代拉美管理教育发展路径/（墨）加布里埃尔·阿尔瓦拉多等著；朱文忠，倪诗玮，向祎清译. —北京：经济管理出版社，2020. 6
ISBN 978-7-5096-7199-3

Ⅰ. ①当… Ⅱ. ①加… ②朱… ③倪… ④向… Ⅲ. ①管理学—教育研究—拉丁美洲 Ⅳ. ①C93

中国版本图书馆 CIP 数据核字（2020）第 099272 号

组稿编辑：赵亚荣
责任编辑：赵亚荣
责任印制：黄章平
责任校对：王淑卿

出版发行：经济管理出版社
（北京市海淀区北蜂窝 8 号中雅大厦 A 座 11 层 100038）
网　　址：www. E-mp. com. cn
电　　话：（010）51915602
印　　刷：三河市延风印装有限公司
经　　销：新华书店
开　　本：720mm×1000mm /16
印　　张：9. 75
字　　数：170 千字
版　　次：2020 年 8 月第 1 版　2020 年 8 月第 1 次印刷
书　　号：ISBN 978-7-5096-7199-3
定　　价：58. 00 元

联系地址：北京阜外月坛北小街 2 号
电话：（010）68022974　邮编：100836

献给托马斯、塔赫和威尔森一家，我们生命中最重要的人。

前言

加布里埃尔·阿尔瓦拉多和霍华德·托马斯参加了20多年的国际学术会议，见证了拉丁美洲商学院管理教育意识的提升和开展活动的日益增多。然而，与其他国家的商学院知名度相比，拉丁美洲的商学院发展仍然相对缓慢。此外，虽然有CLADEA努力提高拉丁美洲学院的管理教育质量和意识，但本土与管理教育相关的研究著作并不多。

因此，为了向拉美以外的管理教育同仁展现拉丁美洲商科教育近几十年的进步，本研究项目应运而生，由本书作者齐心协力完成。然而，在开展采访和撰写手稿的过程中，另一个机会出现了：为拉美管理教育从业者提供思路，帮助他们思考拉美商科教育的现状，以及未来几年进一步提高拉美管理教育在国际学术界和商界地位需采取的行动。

本书作为霍华德·托马斯、林恩·托马斯、米歇尔·李及亚历山大·威尔森介绍全球管理教育的合著（爱墨瑞德出版社，2013，2014，2016，2017）的补充，专注于拉美商科教育，使我们进一步了解不同地区、不同时期商学院的异同，发现全球商学院商科模型及商业表现的系统性差异。本书基于面对面深度访谈，访谈对象包括校长、院长、有影响力的教育家，遵循管理教育发展过去、现在和将来的顺序。

本书首先简要介绍拉美的主要历史、文化、社会、政治、经济层面，然后介绍其商科教育何以发展成为今天的状态。首先，本书着重分析和解读了过去10年拉美管理教育的一些重大事件、关键议题、不同行动者的影响、主要变化及“盲点”。其次，本书指出了拉美商科教育面临的最大挑战，讨论了拉美管理教育模式是否切合实际。最后，本书还探究了拉美商科教育的竞争环境未来十年的发展情况，概括了一系列可能性，指出了未来的关键议题。

我们希望本书能够为拉美商科教育发展做出贡献，更希望能在拉美管理教育者中发起公开讨论。显然，我们的主要目的是引起全球利益相关者对拉美商学院及其在拉美包容性增长中所起作用的关注。

目　录

第一章
拉丁美洲：拥有共同历史却面临不同现实的国家

拉美管理教育的发展及主要挑战与其历史、文化、经济发展联系紧密。本章简要介绍和回顾拉美的重要历史、文化、社会、政治及经济情况。

拉丁美洲通常用来指美国以南的美洲国家，以西班牙语或葡萄牙语为主要语言，因为这些国家过去曾是西班牙或葡萄牙的殖民地。

根据这一定义，拉丁美洲等同于“伊比利亚美洲”。伊比利亚是指欧洲的伊比利亚半岛。另一个需要注意的是西班牙语美洲，其包括美洲大陆上所有说西班牙语的国家。西班牙语美洲区别于伊比利亚美洲，因为后者不仅包括前者，还包括巴西，甚至有时还包括伊比利亚半岛。

然而，本书的分析重点将放在拉美大陆国家。

本书将详细介绍：拉美的文化要素，尤其是其殖民历史；拉美的人口结构和社会发展；拉美的法律规定框架；拉美的主要治理问题；拉美的经济发展及国际贸易和国际互通水平；拉美独特的管理概况。

本书将通过各种国际组织数据分析以上要素，如国际货币基金组织、世界银行、国际电信联盟及透明国际等。有些数据来自美国中央情报局。

拉美国家共同的历史文化背景

拉美大陆包括20个国家及一个独立领地。从地理角度，拉美大陆可分为三块区域：北美洲（墨西哥）、中美洲、南美洲。

中美洲北邻墨西哥，东南与哥伦比亚接壤，东临加勒比海，西临太平洋。中美洲共有七个国家，分别为伯利兹、危地马拉、洪都拉斯、萨尔瓦多、尼加拉瓜、哥斯达黎加和巴拿马，人口占拉美洲总人口近8%（国际货币基金组织，2017）。

南美洲西北接壤巴拿马，北邻加勒比海，东北、东部和东南部临大西洋，西临太平洋，人口占拉美大陆的70%以上（国际货币基金组织，2017）。南美洲共12个国家，分别为阿根廷、玻利维亚、巴西、智利、哥伦比亚、厄瓜多尔、圭亚那、巴拉圭、秘鲁、乌拉圭、委内瑞拉和法国领土法属圭亚那。

拉美国家拥有三个世纪之久的殖民历史，主要殖民者是西班牙。表1-1中，20个拉美国家有16个国家自15世纪晚期至18世纪末曾是西班牙殖民地，伯利兹1810~1825年分别取得独立。

其余四个国家中，巴西曾是葡萄牙殖民地，于1822年独立；伯利兹1854年成为英属洪都拉斯殖民地，由于英国与危地马拉之间的领土争端，于1981年才宣告独立；圭亚那17世纪是荷兰殖民地，1815年成为英国领土，1966年脱离英国获得独立；苏里南最初是16世纪由西班牙人开辟，17世纪中叶被英国殖民，1667年成为荷兰殖民地，1975年脱离荷兰独立。

拉美大多数国家共同的西班牙殖民史解释了两种关键的文化要素：语言和宗教（见表1-1）。

表1-1　拉美国家殖民宗主国、主要语言和宗教

国家	殖民宗主国	独立年份	主要语言	主要宗教
阿根廷	西班牙	1816	西班牙语（官方）	罗马天主教92%
伯利兹	英国	1981	英语62.9%（官方），西班牙语56.6%，克里奥尔语44.6%和玛雅语10.5%	罗马天主教40.1%，新教31.5%
玻利维亚	西班牙	1825	西班牙语60.7%，克丘亚语21.2%，艾玛拉语14.6%[①]	罗马天主教76.8%，福音派，五旬节派8.1%和新教7.9%
巴西	葡萄牙	1822	葡萄牙语（官方）	罗马天主教64.6%，新教22.2%
智利	西班牙	1810	西班牙语99.5%（官方）和英语10.2%	罗马天主教66.7%和福音派或五旬节派16.4%

续表

国家	殖民宗主国	独立年份	主要语言	主要宗教
哥伦比亚	西班牙	1810	西班牙语（官方）	罗马天主教 79%，新教 14%
哥斯达黎加	西班牙	1821	西班牙语（官方）	罗马天主教 76.3%，福音派 13.7%
厄瓜多尔	西班牙	1822	西班牙语 93%（官方）	罗马天主教 74%，福音派 10.4%
萨尔瓦多	西班牙	1821	西班牙语（官方）	罗马天主教 50%，新教 36%
危地马拉	西班牙	1821	西班牙语 60%（官方）和美洲印第安语 40%	罗马天主教
圭亚那	荷兰/英国	1966②	英语（官方）	新教 34.8%，印度教 24.8%，罗马天主教 7.1%，伊斯兰教 6.8%
洪都拉斯	西班牙	1821	西班牙语（官方）	罗马天主教 46%，新教 41%
墨西哥	西班牙	1821③	只说西班牙语 92.7%；西班牙语和土著语 5.7%	罗马天主教 82.7%
尼加拉瓜	西班牙	1821	西班牙语 95.3%（官方）	罗马天主教 51.6%，福音派 33.9%
巴拿马	西班牙	1821④	西班牙语（官方）	罗马天主教 85%，新教 15%
巴拉圭	西班牙	1811	西班牙语（官方）和瓜拉尼语（官方）	罗马天主教 89.6%，新教 6.2%
秘鲁	西班牙	1821	西班牙语 84.1%，克丘亚语 13%和艾玛拉语 1.7%	罗马天主教 81.3%，福音派 12.5%
苏里南	英国/荷兰	1975⑤	荷兰语（官方）	新教 23.6%，印度教 22.3%，罗马天主教 21.6%，伊斯兰教 13.8%

续表

国家	殖民宗主国	独立年份	主要语言	主要宗教
乌拉圭	西班牙	1825⑥	西班牙语（官方）	罗马天主教 47.1%，基督教 11.1%，非主流宗教 23.2%
委内瑞拉	西班牙	1811	西班牙语（官方）	罗马天主教 96%

注：① 均为官方语言；② 1815 年以前是荷兰殖民地，后成为英国领土；③1810 年宣布独立，1821 年为西班牙所承认；④ 1821 年脱离西班牙，1903 年脱离哥伦比亚；⑤1667 年之前是英国殖民地，后成为荷兰殖民地；⑥曾为西班牙殖民地，1821 年并入巴西，四年后脱离巴西独立。

资料来源：美国中央情报局（2017）。

大多数拉美国家的官方语言是西班牙语，60%以上的拉美人将西班牙语作为母语。只有巴西使用葡萄牙语，巴西是拉美最大和人口最多的国家，人口占拉美总人口 35%以上。伯利兹和圭亚那的官方语言是英语，苏里南以荷兰语为官方语言。5%的拉美人说其他欧洲语言或本土语言。

西班牙人致力于将拉美当地人转化成基督教徒，于是基督教成为了拉美地区的主要宗教。实际上，拉美大陆是全球罗马天主教最集中的地区（教廷新闻办公室，2016）。中美洲在 20 世纪 60 年代以前一直以罗马天主教为主流宗教，此后，以新教为主的基督教其他分支开始崛起。

圭亚那和苏里南分别是前英国殖民地和荷兰殖民地（见表 1-1），与其他拉美大陆国家的发展路径截然不同，这两个国家与加勒比地区国家有更多历史和文化纽带，其中包括语言和宗教。两国人口共占拉美 0.25%，绝大多数为非洲奴隶、印第安人及爪哇合同工的后代。因此，这两个国家不算严格意义上的拉美国家，所以本书的分析将不包括这两国。

拉美人民

要理解拉美的发展条件和教育尤其是管理教育的现状和未来，就要先分析拉美国家人民的主要特点。

本节详细介绍了拉美的人口数据，包括现有人口、年增长率、生育率、年龄结构、寿命和受教育时长。每组数据都与世界总量和某些发达国家及新兴经济体进行了对比。

2015 年，拉美大陆总人口约为 5.8 亿人，占世界人口 8%（国际货币基金组织，2017）。人口最多的五个拉美国家按降序分别为巴西（占拉美人口 35%以上）、墨西哥（近 21%）、哥伦比亚（8%）、阿根廷（约 7.5%）、秘鲁（约 5%）。以上信息及所有人口数据均见表 1-2。

2017 年，拉美平均人口增长率为 1.1%，略低于世界平均水平，但是为欧盟的 3 倍多，高于美国和印度尼西亚（美国中央情报局，2017；世界银行，2017）。拉美国家人口增长率最高的是伯利兹、危地马拉和洪都拉斯，都是中美洲国家，排在其后的是南美国家玻利维亚。上述国家总生育率也居拉美首位，人口组成最为年轻。增长率低于上述国家的是萨尔瓦多和乌拉圭。

拉美平均总生育率约为每名妇女 2.2 个婴儿，与印度尼西亚相当，虽然高出日本 50%，高出欧盟、中国和俄罗斯近 40%，但低于世界平均水平（美国中央情报局，2017；世界银行，2017）。巴西、智利、乌拉圭总生育率最低，平均每名妇女生 1.8 个婴儿，与美国相近。

与德国、日本等年龄中位数为 47（美国中央情报局，2017）的发达国家相比，拉美人口组成较为年轻，2016 年中位年龄仅为 28，与印度相当。乌拉圭、智利、巴西和阿根廷人口年龄相对较高（美国中央情报局，2017）。

有趣的是，最佳工作年龄人口（25~54 岁人群，通常为研究生项目和高管教育的目标市场）比重最大的国家为哥斯达黎加、巴西和智利。

2016 年，拉美平均寿命为 75 岁，高出世界平均水平 3 岁，比日本少 10 岁，比德国、英国和美国少 5 岁（美国中央情报局，2017；世界银行，2017）。平均寿命是衡量一个国家总体生活质量的重要指标，最长寿的拉美国家是智利、哥斯达黎加、巴拿马，而伯利兹和玻利维亚平均寿命最短。

拉美的教育时长平均为 14 年，比英国低 4 年（美国中央情报局，2017）。阿根廷、智利、乌拉圭是受教育时间最长的国家，中美洲的危地马拉和洪都拉斯的受教育时间最短。

表 1-3 概括了拉美的社会情况，包括城镇化和技术发展。2016 年拉美共有 72%的人口住在城镇，比世界平均水平高 54%（世界银行，2017）。

表 1-2　拉美国家主要人口指标

国家	2015 年人口数（百万）	2017 年人口增长率（%）	2017 年总生育率	2017 年年龄结构			2016 年年龄中位数	2016 年平均寿命	受教育时长（小学教育到高等教育）
				0~24 岁	25~54 岁	55 岁及以上			
阿根廷	43.132	0.9	2.3	39.9	39.4	20.8	31.5	77.1	17
伯利兹	0.366	1.8	2.9	54.5	36.6	8.9	22.4	68.7	13
玻利维亚	10.725	1.5	2.6	51.3	37.5	11.2	24.0	69.2	14
巴西	204.470	0.7	1.8	38.7	43.9	17.5	31.6	73.8	15
智利	18.006	0.8	1.8	35.2	43.1	21.8	34.0	78.8	16
哥伦比亚	48.203	1.0	2.0	41.5	41.9	16.6	29.6	75.7	14
哥斯达黎加	4.851	1.2	1.9	39.0	44.0	17.0	30.9	78.6	15
厄瓜多尔	16.279	1.3	2.2	45.4	39.6	15.0	27.4	76.8	15
萨尔瓦多	6.310	0.3	1.9	46.2	39.2	14.6	26.6	74.7	13
危地马拉	16.252	1.8	2.8	56.1	34.1	9.8	21.7	72.3	11
洪都拉斯	8.075	1.6	2.7	54.0	36.6	9.4	22.6	71.1	11
墨西哥	121.006	1.1	2.2	44.5	40.8	14.7	28.0	75.9	13
尼加拉瓜	6.082	1.0	1.9	48.5	40.2	11.3	25.2	73.2	—
巴拿马	3.975	1.3	2.3	43.4	40.4	16.3	28.9	78.6	13
巴拉圭	6.756	1.2	1.9	43.9	41.1	15.1	27.8	77.2	12

续表

国家	2015年人口数（百万）	2017年人口增长率（%）	2017年总生育率	2017年年龄结构			2016年年龄中位数	2016年平均寿命	受教育时长（小学教育到高等教育）
				0~24岁	25~54岁	55岁及以上			
秘鲁	31.148	1.0	2.1	44.6	40.2	15.2	27.7	73.7	13
乌拉圭	3.467	0.3	1.8	35.9	39.3	24.8	34.7	77.2	16
委内瑞拉	30.620	1.2	2.3	44.4	40.5	15.1	28.0	75.8	14

资料来源：国际货币基金组织（2017）；美国中央情报局（2017）。

表 1-3　拉美城镇化和技术发展情况

国家	2016 城镇人口比例（%）	2016 互联网用户比例（%）	2016 年每百名居民移动电话数
阿根廷	91.9	70.2	150.7
伯利兹	43.8	44.6	63.9
玻利维亚	68.9	39.7	90.7
巴西	85.9	59.7	118.9
智利	89.7	66.0	127.1
哥伦比亚	76.7	58.1	117.1
哥斯达黎加	77.7	66.0	159.2
厄瓜多尔	64.0	54.1	84.3
萨尔瓦多	67.2	29.0	140.7
危地马拉	52.0	34.5	115.3
洪都拉斯	55.3	30.0	91.2
墨西哥	79.5	59.5	88.2
尼加拉瓜	59.1	24.6	122.1
巴拿马	66.9	54.0	172.3
巴拉圭	59.9	51.3	104.8
秘鲁	78.9	45.5	117.1
乌拉圭	95.9	66.4	148.7
委内瑞拉	89.0	60.0	87.0

资料来源：世界银行（2017）；国际电信联盟（2017）。

乌拉圭、阿根廷、智利的城镇人口比重最高，中美洲的伯利兹、危地马拉、洪都拉斯的城镇人口比重最低。

2016 年，拉美互联网用户比重为 51%，接近世界平均水平 52%，但只有英国、韩国、日本和德国的一半（国际电信联盟，2017）。其中，互联网用户比重最高的是阿根廷、乌拉圭、智利和哥斯达黎加；最低的国家是中美国家尼加拉瓜、萨尔瓦多、洪都拉斯和危地马拉。

2016 年，拉美移动电话用户占全球用户 9%，每百人拥有 117 部手机，高于世界平均水平——109 部（国际电信联盟，2017）。其中，巴拿马、哥斯达黎加、阿根廷手机拥有率最高，伯利兹和厄瓜多尔最低。

这些人口和社会发展因素揭示了拉美大陆上存在不同发展阶段的国家群体。不论这些因素是否与地理因素有关，都反映了不同的发展程度。

这些发展群体分别是：

- 南美三角锥，西临太平洋，南临太平洋和大西洋的交界；换句话说就是阿根廷、智利、乌拉圭，这些国家人口增长较慢，社会老龄化，生活水平高，教育水平高，城镇化和科技发展程度高。
- 巴西是拉美最大的国家，也是拉美唯一说葡萄牙语的国家，人口增长慢，老龄化加剧，生活质量和教育水平接近拉美平均水平，但城镇化和科技发展高于拉美平均水平。
- 委内瑞拉、哥伦比亚和秘鲁。这一组国家人口概况反映了拉美平均水平。前两个国家 1830 年伴随大哥伦比亚共和国的瓦解而成立。这组国家城镇化水平高于拉美平均水平。
- 中美及厄瓜多尔、玻利维亚和巴拉圭。这组国家大多数人口增速快，生育率高，人口年轻，受教育程度低，城镇化和科技发展水平低。但哥斯达黎加和巴拿马例外，两者与第三组相似，但人均寿命和科技发展水平接近第一组。
- 墨西哥，是拉美人口第二大的国家，拉美大陆上唯一位于北美的国家，人口处于拉美平均水平，但城镇化水平和互联网使用水平较高。

拉美政府

要深入了解拉美的商业发展，进而了解管理教育的发展，就需要了解拉美国家不同的政府形式、法律法规环境及政府存在的问题。

拉丁美洲多以总统共和国为主。研究对象中，有 14 个国家使用这一制度；巴西、墨西哥、委内瑞拉为联邦总统共和国；由于英国殖民历史，伯利兹是唯一君主立宪制下采用议会民主制的拉美国家（美国中央情报局，2017）。

实际上，所有拉美国家都遵循西欧大陆法系。同样，由于英国殖民史，伯利兹的法律体制效仿英国普通法系（美国中央情报局，2017）。

任何国家，法律法规都对商业的发展至关重要，尤其是法律环境是否有利于商业合作中执行法律合同、保护所有权和投资等。

为评估拉美经商的难易度，我们使用世界银行的“营商便利指数”。排行中共有190个经济体，第一位经商环境最好。其中包括对创业、施工许可、用电、注册所有权、贷款、投资者保护、税收、跨境贸易、执行合约和解决资不抵债等规定的量化衡量。

表1-4显示了2016年拉美国家的营商便利指数和贪腐感知指数。

表1-4　拉美营商便利指数和贪腐感知指数

国家	2016年营商便利指数排名	2016年贪腐感知指数
阿根廷	116	36
伯利兹	112	—
玻利维亚	149	33
巴西	123	40
智利	57	66
哥伦比亚	53	37
哥斯达黎加	62	58
厄瓜多尔	114	31
萨尔瓦多	95	36
危地马拉	88	28
洪都拉斯	105	30
墨西哥	47	30
尼加拉瓜	127	26
巴拿马	70	38
巴拉圭	106	30
秘鲁	54	35
乌拉圭	90	71
委内瑞拉	187	17

资料来源：世界银行（2017）；透明国际（2017）。

表中半数国家营商便利指数都居全球前一百名。墨西哥的商业规定最简洁，对所有权保护最有力，紧随其后的是哥伦比亚、秘鲁、智利、哥斯达黎加和巴拿马。尼加拉瓜、玻利维亚和委内瑞拉政府偏左，政治领导人权力集中，营商规定最为不利，其中委内瑞拉在190个国家中排行第187位。

此外，贪腐感知指数显示了人们感知的公共部门贪腐程度，0为高度腐败，100为高度廉洁。乌拉圭和智利位于全球最廉洁的25个国家之列，委内瑞拉位于最腐败的10个国家之列（透明国际，2017）。其他政府腐败程度较高的拉美国家有尼加拉瓜、危地马拉和巴拉圭。

总体来说，国家行政体制的官僚作风（办事程序繁杂的程度）与公共部门的腐败程度有明显的关联。如果一个国家现在或以前有社会政治动荡，则这种情况会更加普遍。

拉美宏观经济概况

2013年3月，《彭博市场》杂志发布了最有潜力新兴市场排行榜，使用彭博社的金融市场数据、世界货币基金组织预测、世界银行人口和经济发展数据，以及衡量政府是否利于国外投资者利益的指标（诸如上节提到的指标）。

其中，五个拉美国家居于榜单前20名，分别是巴西、墨西哥、哥伦比亚、智利和秘鲁（彭博市场，2013）。然而近几年，这是由于外需减弱、商品价格进一步下降、金融动荡如汇率大幅下降，以及重要国内不平衡和经济停滞问题，拉美经济增速放缓。2015~2016年，拉美面临30多年来首次连续两年负增长（世界货币基金组织，2016）。

2015年，拉美名义国民生产总值（GDP）总量超过50.09亿美元，占世界总量近7%（世界货币基金组织，2017）。如表1-5所示，最大经济体为巴西（占拉美GDP的36%）、墨西哥（超过23%）、阿根廷（13%）。拉美70%的GDP集中在上述三个国家。

表 1-5 拉美经济增速和不平衡

国家	2015 年 GDP（十亿美元）	2015 年 GDP 实际增速	2016 年 GDP 实际增速	2015 年人均 GDP 购买力评价（美元）	2011~2016 年基尼系数
阿根廷	631.621	2.6	-2.2	20475	42.7
伯利兹	1.743	2.9	-0.8	8413	—
玻利维亚	33.241	4.9	4.3	6955	47.0
巴西	1801.48	-3.8	-3.6	15731	49.7
智利	242.538	2.3	1.6	23658	50.5
哥伦比亚	291.530	3.1	2.0	13835	53.5
哥斯达黎加	55.475	4.7	4.3	15741	48.5
厄瓜多尔	100.177	0.2	-1.5	11381	48.5
萨尔瓦多	36.052	2.3	2.4	8357	37.0
危地马拉	63.767	4.1	3.1	7766	53.0
洪都拉斯	20.729	3.6	3.6	5094	47.1
墨西哥	1152.27	2.7	2.3	18470	48.2
尼加拉瓜	12.748	4.9	4.7	5283	47.1
巴拿马	52.132	5.8	4.9	21981	50.7
巴拉圭	27.283	3.0	4.1	9041	51.7
秘鲁	192.310	3.3	4.0	12391	45.3
乌拉圭	53.275	0.4	1.5	20902	41.6
委内瑞拉	242.596	-6.2	-16.5	16786	39.0

资料来源：世界货币基金组织（2017）；美国中央情报局（2017）。

继 2015 年经济停滞之后，2016 年，拉美实际 GDP 增速减少了 0.9%，但预计 2017 年增加 1.2%，2018 年增加 1.9%（世界货币基金组织，2017）。本章开头提过，拉美管理教育现状和未来的差异与经济发展密不可分。

2015 年和 2016 年的经济减速与巴西的经济萧条紧密相关，由于政府债务问题、缺乏竞争力和政治问题，巴西经济增速缩水3.8%和3.6%。但预计2017年巴西经济增速会变为正数（世界货币基金组织，2017）。

此外，近几年，由于过度依赖石油收入，加上营商环境恶劣，拉美第五大经济体委内瑞拉经历了有史以来最大的经济下滑，缩水6.2%和16.5%。

尽管墨西哥2015年较为适度的经济增速于2016年轻微下降，但考虑到墨西哥与美国的经济联系紧密（这很大程度上是由于《北美自由贸易协议》），其发展前景可能受到唐纳德·特朗普的保护主义政策的严重影响。

尽管阿根廷经济2016年下滑，但根据世界货币基金组织《区域经济展望》，其中期增速有所提高，预计2017年GDP增速将回弹，这是由于改善国内不公和价格扭曲、更正相对价格的政府政策。

过去四年，哥伦比亚实际GDP增速为拉美最高，这是由于有效的宏观经济和财政管理。然而，2014年以来，其经济增速由于全球油价降低而放缓。预计2018年会恢复（世界货币基金组织，2017）。

同样，由于适当的宏观经济政策，智利一直是拉美增速最快的国家之一，但近几年增速放缓，主要是由于铜价下降导致矿产业发展放缓，仅铜矿收入就占智利政府收入的20%（美国中央情报局，2017）。但预计2018年起智利增速会逐渐恢复（世界货币基金组织，2017）。

相反，当拉美绝大多数国家都在面临经济回落的情况时，秘鲁反而在2015年和2016年保持增长。2016年秘鲁通过扩大铜矿产量和刺激个人消费促进了经济增长，虽然由于几十年来最大洪灾和泥石流，以及奥德布莱特集团贪污案的影响，2017年增速预计将降低（世界货币基金组织，2017）。

贫困和不公仍是许多拉美国家担忧的问题。拉美人均GDP比世界平均水平低30%还多，比德国、英国和日本低70%，只有俄罗斯的一半（世界货币基金组织，2017）。

南美三角锥（智利、阿根廷、乌拉圭）和巴拿马人均GDP最高，洪都拉斯、尼加拉瓜和玻利维亚是最穷的拉美国家。不公程度以基尼系数衡量，0代表完全公平，100代表完全不公平。哥伦比亚、尼加拉瓜和巴拉圭的不公程度最高。拉美大陆上半数国家位于世界收入分配最不公平的25个国家之列。这些拉美国家平均基尼系数为47.1，高出德国70%（美国中央情报局，2017）。

通胀率和失业率上升影响了许多拉美国家，尤其是委内瑞拉、阿根廷、巴西和哥伦比亚（美国中央情报局，2017；世界货币基金组织，2017）。但2017年和2018年拉美经济仍会增长，尽管增速不高，世界银行表示，“增速主要取决于国外市场是否强劲，以及国内解决宏观经济挑战的能力”（世界银行，2017）。

国际贸易和国际互通

过去十年，国际贸易和进一步开放市场极大地促进了拉美国家经济增长。正如表1-6所示，许多拉美国家的国际贸易水平高于拉丁美洲内贸易水平，这或许能解释拉美商学院国际合作和地区合作之间的不平衡。

表1-6　拉美国际贸易和外国直接投资

国家	2016年主要出口伙伴	2016年主要进口伙伴	2015年外国直接投资（美元）
阿根廷	巴西15.5%，美国7.7%，中国7.6%	巴西24.3%，中国18.7%，美国12.5%，德国5.5%	11758994011
伯利兹	缅甸30.7%，美国22.6%，英国19.3%	美国37.2%，中国11.6%，墨西哥10.8%，危地马拉7%	59119224
玻利维亚	巴西19.3%，美国13.6%，阿根廷11.4%，哥伦比亚8.8%，中国6.8%，日本5.9%，韩国5.4%	中国19.9%，巴西17.5%，阿根廷10.5%，美国9.8%，秘鲁6.9%	554643532
巴西	中国19%，美国12.6%，阿根廷7.3%，荷兰5.6%	美国17.6%，中国16.9%，阿根廷6.7%，德国6.6%	74693632858
智利	中国28.6%，美国14.1%，日本8.6%，韩国6.9%，巴西5%	中国24.3%，美国14.7%，巴西9.3%	20468714299
哥伦比亚	美国33.5%，巴拿马6.3%	美国26.4%，中国19.1%，墨西哥7.5%	11732167013

续表

国家	2016 年主要出口伙伴	2016 年主要进口伙伴	2015 年外国直接投资（美元）
哥斯达黎加	美国 41%，荷兰 5.8%，巴拿马 5.7%，比利时 5.4%，尼加拉瓜 5.2%，危地马拉 5.2%	美国 37.1%，中国 13.5%，墨西哥 6.9%	3145009998
厄瓜多尔	美国 32.3%，智利 6.8%，越南 6.6%，秘鲁 5.6%	美国 23%，中国 19%，哥伦比亚 8%	1321508337
萨尔瓦多	美国 48.3%，洪都拉斯 14.2%，危地马拉 13.5%，尼加拉瓜 6.5%	美国 37.9%，危地马拉 10.2%，中国 8.8%，墨西哥 7.6%，洪都拉斯 6.3%	496992814
危地马拉	美国 34%，萨尔瓦多 11.5%，洪都拉斯 7.1%，尼加拉瓜 6%	美国 38.1%，墨西哥 11%，中国 9.9%，萨尔瓦多 5%	1175523400
洪都拉斯	美国 36.7%，德国 10.7%，萨尔瓦多 8.6%，危地马拉 6.5%，荷兰 5.4%，尼加拉瓜 5.3%	美国 32.8%，中国 14.1%，危地马拉 8.9%，墨西哥 7.3%，萨尔瓦多 5.7%	1316679827
墨西哥	美国 81%	美国 46.6%，中国 18%	33181269654
尼加拉瓜	美国 51.5%，墨西哥 13.8%，萨尔瓦多 6%，委内瑞拉 5.9%	美国 19.7%，中国 12.9%，墨西哥 9.7%，哥斯达黎加 7.8%，危地马拉 6.5%，荷属安地列斯群岛 5.7%	949900000
巴拿马	美国 21.4%，荷兰 15.2%，哥斯达黎加 6%，中国 5.6%	美国 25.7%，中国 9.2%，墨西哥 5.3%	5057700000
巴拉圭	巴西 35.4%，阿根廷 10.5%，俄罗斯 7.6%，智利 6.1%	中国 27.3%，巴西 24.3%，阿根廷 14.3%，美国 7.1%	315265500
秘鲁	中国 23.5%，美国 17.3%，瑞士 7.1%	中国 22.8%，美国 20.2%，巴西 5.8%	7817116455
乌拉圭	巴西 16.4%，中国 12.2%，美国 6.2%，阿根廷 5%	中国 18.8%，巴西 17.9%，阿根廷 13.3%，美国 6.9%	1369314228

续表

国家	2016 年主要出口伙伴	2016 年主要进口伙伴	2015 年外国直接投资（美元）
委内瑞拉	美国 35.1%，印度 17.2%，中国 14.1%，荷属安地列斯群岛 8%，新加坡 5.3%	美国 22.1%，中国 14.3%，巴西 7.4%	2956000000

资料来源：美国中央情报局（2017）；世界银行（2017）。

美国是过半数拉美国家的主要贸易伙伴，尤其是墨西哥和中美国家，剩余国家中，1/5 以美国为第二大贸易伙伴。中国是 1/5 拉美国家的重要贸易伙伴，但其重要性正逐日增加。

也有例外，如阿根廷、玻利维亚、巴拉圭和乌拉圭的主要贸易伙伴是邻国巴西。

拉美国家的贸易开放程度各不相同。例如，智利实行了多年的市场经济，外贸水平高，已经与欧盟、美国、韩国、中国和日本等 60 个国家和地区签署了 22 项贸易协定。墨西哥也与 46 个国家和地区签署了自贸协定，自 1994 年北美自贸协定生效以来，越来越重视制造业。最近，哥伦比亚和秘鲁也与多个国家签署了贸易协定（美国中央情报局，2017）。

拉美主要的贸易群体为：

- 1991 年成立的南方共同市场（MERCOSUR），现任成员国为阿根廷、巴西、巴拉圭和乌拉圭（玻利维亚正在走加入程序）。
- 美国与哥斯达黎加、萨尔瓦多、危地马拉、洪都拉斯、尼加拉瓜和多米尼亚共和国签署的《美国—多米尼加—中美洲自贸协定》（CAFTA-DR）于 2006 年生效。
- 1969 年成立的安第斯共同体（CAN），签署《安第斯条约》目的是促进地区贸易及经济一体化。成员国有南美国家玻利维亚、哥伦比亚、厄瓜多尔和秘鲁；2011 年形成的太平洋联盟成员国智利、哥伦比亚、墨西哥和秘鲁。

接受外国直接投资最多的拉美国家是巴西，占拉美 42%；其次是墨西哥，占 19%；第三名是智利，占 12%。有趣的是，智利接受的外国直接投资要比自身经济总量大得多。

综合考虑前两节的经济数据可以得出五个经济群体或“战略群体”，和人口与社会发展小节划分的“发展群体”相似。

这些经济群体如图 1-1 所示，该树状图代表了不同战略群体的层级结构。阅读时应从左向右。虚线前的垂直实线代表互相联系的国家。

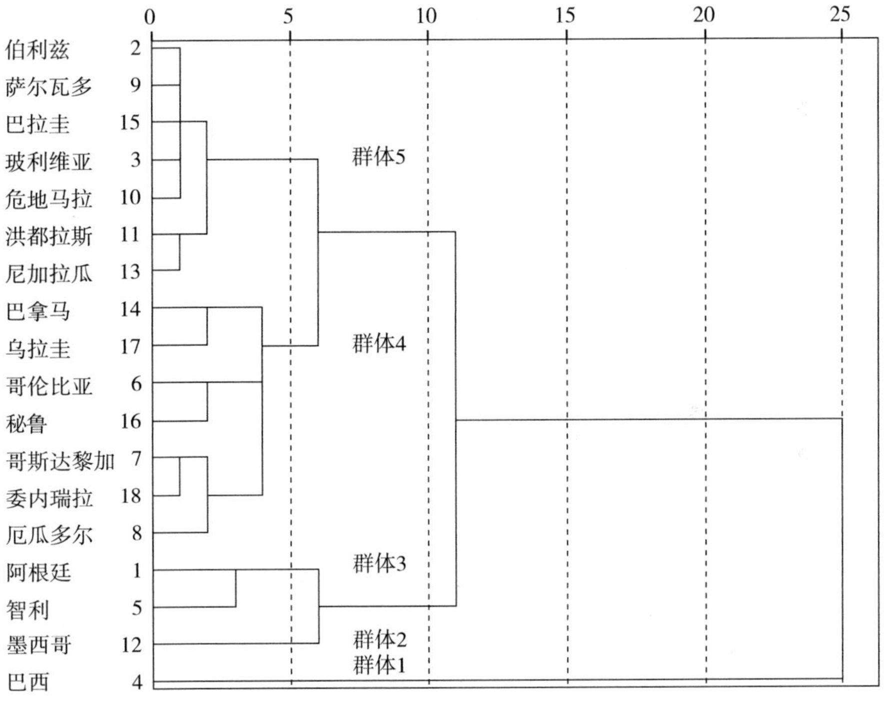

图 1-1　拉美大陆经济群体

垂直实线的位置表示相连国家的距离（距离代表国家间的疏离程度）。由于早期群体的国家距离都差不多，所以难以区分这些群体形成的先后顺序。但有一点很清晰，虚线之后形成的群体，国家间距离要大一些。

这些战略群体分别是：

群体 1：巴西——拉美最大经济体，正面临重大经济、政治危机，以及严重不平等、失业率和通胀率高涨。

群体 2：墨西哥——拉美第二大经济体和最开放的国家之一，由于美国的贸易保护主义，其经济增长正面临严峻的挑战。墨西哥已成为美国第二大出口市场及进口来源地（美国商务部，2016）。

群体 3：阿根廷和智利，短期内经济增长势头好，人均 GDP 和对外直接投资高。

群体 4：哥伦比亚、秘鲁、委内瑞拉、哥斯达黎加、巴拿马、乌拉圭和厄瓜多尔等中小经济体，人均 GDP 略高于拉美平均水平，大多数国家贸易逐步开放，除了厄瓜多尔和委内瑞拉。

群体 5：除哥斯达黎加和巴拿马的中美国家，以及玻利维亚和巴拉圭，拉美大陆最小、最贫穷的国家。

拉美地区的文化与管理

由于共同的历史和文化，拉美国家共享很多价值观和信仰，从而形成了一种普遍的管理和领导风格。正确理解拉美国家的文化差异有助于更好地在该地区营商。

本节将从霍夫斯泰德的国家文化模型的三个维度简要分析拉美国家的得分，并与拥有不同文化的国家进行对比。具体得分如表 1–7 所示。

表 1–7　拉美国家文化

国家	权力距离指数	个人主义指数	男性化指数
阿根廷	49	46	56
巴西	69	38	49
智利	63	23	28
哥伦比亚	67	13	64
哥斯达黎加	35	15	21
厄瓜多尔	78	8	63
萨尔瓦多	66	19	40
危地马拉	95	6	37

续表

国家	权力距离指数	个人主义指数	男性化指数
墨西哥	81	30	69
巴拿马	95	11	44
秘鲁	64	16	42
乌拉圭	61	36	38
委内瑞拉	81	12	73

资料来源：霍夫斯泰德、霍夫斯泰德和明科夫（2010）。

权力距离是一国组织或机构中权力较低的人对权力分配的期待和对权力分配不公的接受程度（霍夫斯泰德等，2010）。权力距离值越高的社会越注重阶级和地位，权力距离值越低的文化中，人们越容易质疑权威，并主动参与权力分配。

总体来说，拉美国家与盎格鲁—撒克逊国家和德国不同，权力距离得分较高。实际上，现有的跨文化管理文献认为，人口多且推行印度教、伊斯兰教或天主教的国家往往权力距离得分较高（卡尔、古普塔和贾维丹，2004）。

危地马拉和巴拿马权力距离值居世界前列，接近俄罗斯，紧随其后的是墨西哥、委内瑞拉、厄瓜多尔，这些国家权力距离值与中国、印度尼西亚和印度相近。哥斯达黎加是拉美权力距离最小的国家，与德国和英国相当。

个人主义社会中，人与人之间的联系不太紧密，而集体主义社会中，人与人之间形成紧密的群体，提供保护，而代价是接受不容置疑的权威（霍夫斯泰德，2010）。

得分超过50的国家更倾向于个人主义文化，而50分以下的倾向于集体主义。很明显，拉美国家以集体主义为主，这与印度尼西亚和韩国相似，与倡导个人主义的美国和英国相反，美国和英国分别得分91和89（霍夫斯泰德，2010）。但是，集体价值观的程度在阿根廷、巴西、乌拉圭各不相同，这三者是集体主义倾向最弱的拉美国家。

男性化文化更注重成就、果断和物质上的成功，这样的社会往往更具有竞争力。相反，女性化文化注重合作和谦逊，关心弱小，关注生活品质

（霍夫斯泰德等，2010）。

拉美国家在这一维度上的得分相差很大。例如，委内瑞拉和墨西哥比较男性化，得分略高于德国、英国和中国，而哥斯达黎加和智利则得分较低。

总体来看，拉美国家权力距离值较高，根本原因是罗马天主教占主导地位和不公现象普遍，并且以集体主义文化为主。

这些特征对工作观念和营商观念有显著影响，需要纳入管理教育，以便有效地训练那些有志于与拉美合作或在拉美营商的高管，无论他们来自拉美还是世界其他各地。

结语

尽管拉美国家拥有共同的历史、文化背景，但是社会、经济发展程度存在差异，可分成不同群体。不同的人口特征、科技发展水平、法治框架、经济增速、开放程度都影响着拉美管理教育的发展和发展机遇。

尽管如此，不同群体之间的经济差异却十分重要，这一点已经得到了证明：本章中，通过各种量化指标得出的“战略群体”的分组结果与之前提到的经济群体或“发展群体”分组不谋而合。

因此，要清楚了解拉美商科教育发展与经济发展要务有何关联，就有必要留意拉美经济复苏进程，只要全球经济不确定因素和最近的保护主义浪潮还在继续，拉美的经济复苏就难以稳定。

基于以上内容，第二章将概括拉美不同国家过去10年管理教育的发展路径。

第二章

拉丁美洲的管理教育发展

作为一个新兴地区，拉美人口相对年轻，中位年龄28岁，40%以上人口处于最佳工作年龄（25~54岁），80%以上人口为城镇人口（美国中央情报局，2017；国际货币基金组织，2017；世界银行，2017）。

以上人口特点催生了大量需要培训的新型高管和企业家，促进了拉美近几年的管理教育发展。

一些拉美国家位于世界新兴经济体前列，大多数拉美国家贸易日益开放，吸引了大量国外直接投资。

因此，拉美的经济发展促进了已有商学院的发展，激发了国外学校进入拉美市场的兴趣，促进了新的管理教育单位发展。

本章讨论拉美管理教育发展至今的路径，使用不同国际学术组织数据，如国际高等商学院协会（AACSB）、欧洲管理发展基金会（EFMD/EQUIS）、英国工商管理硕士协会（AMBA）、国际管理伙伴（PIM）、全球高校高管教育（UNICON）、拉丁美洲研究企业协会（BALAS）和拉丁美洲管理学院理事会（CLADEA）。此外，有些信息来自《金融时报》和《经济学人》的排行榜和学校官网。

管理教育概况

要全面了解拉美管理教育发展路径，必须先了解授予商学学位学院的数量、国际认证情况、参与国际学术网络情况及在全球的排名。

根据AACSB国际，拉美约有2041所教育机构授予商学学位，占全球商科高等教育机构的12%以上（AACSB国际，2015）。各国情况如表2-1所示。

表 2-1　商学院（不分本硕）

	2015 年学院数量
全球	16484
拉美	2041
阿根廷	77
伯利兹	2
玻利维亚	30
巴西	376
智利	38
哥伦比亚	175
哥斯达黎加	45
厄瓜多尔	54
萨尔瓦多	24
危地马拉	11
洪都拉斯	8
墨西哥	1000
尼加拉瓜	42
巴拿马	25
巴拉圭	21
秘鲁	80
乌拉圭	7
委内瑞拉	26

资料来源：国际高等商学院协会（2015）。

商科教育排名前列的国家按降序排列为墨西哥、巴西、哥伦比亚、秘鲁和阿根廷，这些国家要么属于人口多，要么属于经济总量大的拉美国家。有趣的是，巴西尽管人口最多，GDP 总量最大，但商学院数量排名并不靠前。尽管如此，总人口与商学院数量之间的联系还是明显，为 0. 72，GDP 与商学院联系为 0. 73。

拉美管理教育简史

拉美管理教育最早可以追溯到20世纪上半叶，当时，成立于19世纪的圣地亚哥的公立大学智利大学和智利天主教大学启动了本科商科教育。

1941年墨西哥总统曼努埃尔·埃维拉·卡马乔颁布宪法改革令，允许私有行业参与高等教育。此举使大批成功企业家创立了大学，如20世纪40年代成立的蒙特雷科技大学和墨西哥自治技术研究院（ITAM）。本科商科教育是这些大学最初启动的项目之一。

20世纪下半叶，智利的阿道夫伊瓦涅斯大学和巴西热图利奥瓦加斯的圣保罗大学（EAESP）成立，后者是通过巴西和美国密歇根大学的政府企业合作实现的。

第二波学院建设浪潮是在20世纪60年代。当时的美国总统约翰·肯尼迪于1961年发起了进步联盟项目，目的是通过促进拉美经济社会发展，与拉美的共产主义抗衡。尼加拉瓜的印加商学院（INCAE）和秘鲁的ESAN商学院分别在哈佛商学院和斯坦福商学院的支持下成立。

这期间成立的其他商学院还有在哥伦比亚企业家扶持下成立的EAFIT大学和哥伦比亚北方大学、秘鲁的太平洋大学、墨西哥的阿纳瓦克大学和伊帕德（IPADE）商学院，三者都与宗教群体有关，还有委内瑞拉的IESA学院。

20世纪70年代对于巴西的管理教育来说是个重要时期，这期间，IB-MEC大学、COPPEAD商学院和Dom Cabral大学纷纷成立。阿根廷的IAE商学院和CEMA大学商学院，以及哥伦比亚的ICESI大学也在这时成立。

20世纪80年代，南美洲出现了一批商学院：巴西的FIA大学、智利的Diego Portales大学、厄瓜多尔的ESPAE管理学院、哥伦比亚的INALDE商学院、乌拉圭的IEEM商学院和ORT大学、阿根廷的圣安德烈斯大学。最近成立的有智利的发展大学和ESE商学院、阿根廷的托卡托蒂特亚大学和秘鲁的CENTRUM天主教研究生商学院。

国际认证

对高等工商管理教育机构进行认证的前三名国际机构分别为AACSB、

AMBA、EFMD/EQUIS，20 世纪末 21 世纪初开始对拉美商学院进行认证。大多数商学院在 21 世纪头十年通过了认证。截至 2016 年底，来自 11 个拉美国家的 36 个商学机构通过了至少一项认证。表 2-2 显示了每个拉美国家通过认证的商学院数量。

表 2-2　拉美通过至少一项国际认证的商学院

	2016 年商学院数量
拉美	36
阿根廷	5
伯利兹	0
玻利维亚	0
巴西	7
智利	7
哥伦比亚	5
哥斯达黎加/尼加拉瓜	1
厄瓜多尔	1
萨尔瓦多	0
危地马拉	0
洪都拉斯	0
墨西哥	4
巴拿马	0
巴拉圭	0
秘鲁	3
乌拉圭	2
委内瑞拉	1

资料来源：国际高等商学院协会（2016）；英国工商管理硕士协会（2016）；欧洲管理发展基金会（2016）。

表 2-3、表 2-4 和表 2-5 列出了拉美商学院的认证系统及认证通过年份。

AACSB 是最先开始对拉美商学院进行认证的国际组织，1998 年向墨西哥的 ITAM 和 EGADE 商学院颁发了证书。但是，AMBA 从 2000 年认证阿根廷的 CEMA 大学和天主教大学以来，认证的拉美商学院数量最多。一年之后，EQUIS 认证了巴西的圣保罗商学院。截至 2016 年，这三大机构认证的拉美商学院分别占各自认证的全球商学院总量的 2%、13% 和 8%（AACSB，2016；AMBA，2016；EFMD，2016）。

表 2-3　经 AACSB 认证的拉美商学院

	学校	国家	认证开始年份
1	ITAM 墨西哥自治技术研究院	墨西哥	1998
2	蒙特雷科技大学 EGADE 商学院	墨西哥	1998
3	INCEA 商学院	哥斯达黎加/尼加拉瓜	1999
4	圣保罗大学商学院	巴西	2000
5	智利天主教大学行政学院	智利	2000
6	阿道夫伊瓦涅斯大学商学院	智利	2002
7	IPADE 商学院	墨西哥	2003
8	IESA 高级管理研究院	委内瑞拉	2004
9	南方大学 IAE 商学院	阿根廷	2005
10	Insper 军事调查研究院	巴西	2010
11	洛斯安第斯大学管理学院	哥伦比亚	2010
12	CENTRUM 天主教商学院	秘鲁	2010
13	太平洋大学商业科学研究院	秘鲁	2011
14	ESAN 大学研究生商学院	秘鲁	2013
15	ICESI 大学工商管理与经济学院	哥伦比亚	2014
16	ESPAE 管理研究生院	厄瓜多尔	2014
17	智利大学经济学与商学院	智利	2015

资料来源：AACSB（2016）。

表 2-4　经 AMBA 认证的拉美商学院

	学校	国家	认证开始年份
1	CEMA 大学	阿根廷	2000
2	天主教大学 UCA 学院	阿根廷	2000
3	智利大学经济学与商学研究生院	智利	2001
4	南方大学 IAE 商学院	阿根廷	2001
5	阿道夫伊瓦涅斯大学商学院	智利	2001
6	ESAN 研究生商学院	秘鲁	2002
7	FIA 行政研究所	巴西	2002
8	发展大学	智利	2002
9	CENTRUM 天主教研究生商学院	秘鲁	2004
10	太平洋大学研究生院	秘鲁	2004
11	圣保罗大学商学院	巴西	2004
12	洛斯安第斯大学管理学院	哥伦比亚	2004
13	ITAM 墨西哥自治技术研究院	墨西哥	2005
14	Dom Cabral 大学（FDC）	巴西	2005
15	IESA 高级行政研究院	委内瑞拉	2005
16	蒙特雷科技大学 EGADE 商学院	墨西哥	2005
17	洛斯安第斯大学 ESE 商学院	智利	2006
18	Insper 军事调查研究院	巴西	2007
19	圣安德雷斯大学	阿根廷	2007
20	墨西哥阿纳瓦茨北方大学经济商学院	墨西哥	2008
21	里约热内卢 IBMEC 学院	巴西	2009
22	星期六大学 INALDE 商学院	哥伦比亚	2009
23	弗德里克圣玛利亚技术大学	智利	2009
24	托卡托特迪亚大学	阿根廷	2009
25	ICESI 大学行政与经济学院	哥伦比亚	2009
26	蒙特维迪亚大学 IEEM 商学院	乌拉圭	2012
27	迪亚哥波尔塔勒斯大学经济与企业学院	智利	2012
28	ORT 大学研究生管理学院	乌拉圭	2012

续表

	学校	国家	认证开始年份
29	北方大学	哥伦比亚	2013
30	IPADE 商学院	墨西哥	2014
31	EAFIT 大学	哥伦比亚	2014

资料来源：AMBA（2016）。

表 2-5　经 EQUIS 认证的拉美商学院

	学校	国家	认证开始年份
1	圣保罗大学商学院	巴西	2001
2	蒙特雷科技大学 EGADE 商学院	墨西哥	2002
3	洛斯安第斯大学管理学院	哥伦比亚	2003
4	INCAE 商学院	哥斯达黎加/尼加拉瓜	2004
5	南方大学 IAE 商学院	阿根廷	2005
6	里约热内卢大学 COPPEAD 研究生商学院	巴西	2006
7	Nom Cabral 大学（FDC）	巴西	2007
8	智利天主教大学行政学院	智利	2007
9	IESA 高级行政研究院	委内瑞拉	2008
10	ITAM 墨西哥自治技术研究院	墨西哥	2009
11	CENTRUM 天主教研究生商学院	秘鲁	2011
12	EBAPE，FGV 热图利奥瓦加斯大学	巴西	2014
13	阿道夫伊瓦涅斯大学商学院	智利	2015

资料来源：EFMD（2016）。

截至 2016 年底，8 所拉美商学院通过了三个国际机构的认证，占全球“三连冠”商学院的 11%：

（1）IAE 商学院（阿根廷）。

（2）热图利奥瓦加斯大学 EAESP（巴西）。

（3）阿道夫伊瓦涅斯大学（智利）。

（4）洛斯安第斯大学（哥伦比亚）。

（5）EGADE 商学院（墨西哥）和 ITAM（墨西哥）。

（6）CENTRUM 天主教研究生商学院（秘鲁）。

（7）IESA（委内瑞拉）。

表 2-6 总结了拉美地区获得三项、两项和一项国际认证的商学院。其中，只获得一项国际认证的商学院有 84%都是经 AMBA 认证的。

表 2-6 拉美经国际认证的商学院

	2016 年商学院数量
“三连冠”	8
两项国际认证	9
一项国际认证	19

资料来源：AACSB（2016）；AMBA（2016）；EFMD（2016）。

国际商学院网络

1965 年，CLADEA 成立，其宗旨是通过教学、研究和与国内外商科教育组织建立联系来促进和扩大拉美管理教育发展，进而促进整个拉美的发展。截至 2016 年底，CLADEA 已有 240 多名成员，其中哥伦比亚商学院占 20%以上（CLADEA，2016）。

此外，拉美研究企业协会（BALAS）是一个致力于促进学者和企业家就拉美商业经济研究和实践进行交流讨论的国际组织。2016 年，该组织已有 60 多名成员，其中超过 60%为拉美商学院（BALAS，2016）。

至于那些拉美商学院在其中占比不高的国际学术组织，巴西热图利奥瓦格斯大学的 EAESP 学院于 1975 年率先加入国际管理伙伴（PIM），当时该组织刚刚成立两年。

20 多年后，智利天主教大学和墨西哥 ITAM 学院加入了这一商学院组织。该组织致力于促进发展合作项目、学员与教职工交流及教职工和研究者共同研究合作。至 2016 年底，PIM 已有来自 39 个国家的 63 名成员，其中包括 8 个拉美商学院，占比 13%（PIM，2016）。

高管教育领域，20 世纪头十年，拉美商学院纷纷加入全球高校高管教育（UNICON）。该组织成立于 1972 年，目的是提高商学院在高管教育领域的效率。2000 年，巴西的 Dom Cabral 大学和墨西哥 ITAM 成为最先加入这一组织的拉美商学院。至 2016 年底，已有 112 个商学院加入 UNICON，其中 10 个是拉美商学院，占比 9%（UNICON，2016）。

全球排名现状

虽然有 90 多年的管理教育历史和 2000 多所商学院，登上《金融时报》或《经济学人》等世界排行榜的拉美商学院仍然相对较少。只有两所商学院挤进全球工商管理学院排行，分别是哥斯达黎加的 INCAE 商学院和墨西哥的 IPADE 商学院。高管教育领域的上榜数量稍微多一些。

然而，除了 Dom Cabral 大学排到 2016 年《金融时报》高管教育公开排行榜第十位，没有其他拉美商学院在媒体排名榜中名列前茅（金融时报，2016a，2016b，2016c，2016d，2016e，2017b；经济学人，2015）。

结语

拉美管理教育有近一个世纪之久的历史，且商学院数目可观。然而，各国的商学院数量与市场和经济规模密切相关。大多数商学院成立于 20 世纪下半叶，到 20 世纪末，商学院已经遍布拉美大陆。

拉美商学院直到 21 世纪才开始接受国际认证，经 AMBA 认证的学院最多。但经认证的商学院数量仍然有限，尤其中美一些最不发达国家，甚至没有一所经认证的商学院。这种情况在参与国际商学院组织和国际媒体排行榜中同样普遍。

第三章将介绍我们针对拉美管理教育近 10 年发展路径的研究，使读者更深入地理解其发展与本章所讨论的各因素之间的关系。

第三章
拉丁美洲近 10 年的管理教育评估

毫无疑问，拉美各国的人口和经济规模是其管理教育发展的关键因素，但不是唯一的决定因素。其他因素，如国家经济开放程度、立法变革同样会影响管理教育发展。因此，本章和下一章将基于 24 段面对面采访，每段时长两小时以上，向受访者提出一系列问题，由受访者给出开放性回答。采访时间是 2015~2016 年，采访对象为校长、现任或前任院长及其他拉美顶尖商学院的优秀教育从业者，采访目的是获得他们对于管理教育相关话题的观点与见解。每段采访都涉及各个方面，遵循过去、现在和未来的顺序，涵盖受访者对该行业的深度观点。本次研究的访谈大纲广泛借鉴了行业著作（托马斯，托马斯和威尔森，2013；托马斯，李，托马斯和威尔森，2014，2016，2017），既允许受访者自由探索和解释自己对于行业的理解，又保证访谈紧扣各个具体话题。

每段访谈都有录音，音频全部转写成了文本。采访者信息全部隐去，访谈内容根据问题顺序整理成统一格式。本书作者事先阅读了这些转写文本，以便熟悉数据。每个问题的数据都具体到了一定范围，方便进一步进行数据分析。

本章将分析受访者传达的拉美商科教育近 10 年的重大事件、关键议题、不同参与者的影响及主要发展变化。研究样本包括顶尖商学院优秀教育者的观点。其中，82% 经 AACSB 认证、55% 经 AMBA 认证、77% 经 EQUIS 认证的拉美商学院将出现在访谈数据中。

管理教育发展的重大事件

拉美国家经济发展水平、贸易开放程度、法治框架各不相同。因此，某些国家的商科教育高度发达，某些国家还没起步。尽管如此，在回答受到过哪些管理教育重大事件影响时（积极影响或消极影响），我们的受访者不约而同地提出了三大主题：

（1）管理教育发展；

（2）全球化和经济开放；

（3）高等教育规范监管。

以上三个主题都不是某一时间点发生的孤立事件，而是可被视为一个“事件”的一连串变化。

管理教育发展

受访者们强调了各个阶段的公私商科教育机构的迅速发展。本科、无工作经验硕士、工商管理硕士和高管教育，不论是公有还是私有，都得到了发展。这主要是由于研究生教育越来越被社会认可，管理岗位越来越看重硕士学位：

> 工商管理本科和硕士（MBA）教育机构显著增多，过去10年呈指数增长。

> 越来越多传统大学开设商科教育课程，如阿根廷企业大学和天主教大学都在增设此类课程。

> 公立大学开设四年制的工商管理项目，其效果还未显现。然而，此举可能改变整个（我国）市场，因为在此之前的工商管理学制是5~6年，拿到学位时年纪也大了。此外，公立大学的这一举措还将引起工管硕士变革。例如，公私大学的毕业生（占人口70%）年龄呈现越来越小的趋势，这将需要现阶段教育缺失的现代管理。

部分受访者认为行业发展引起的竞争局面提高了商学院质量，促进了经济社会发展，尤其是哥伦比亚和秘鲁等国家：

最开始我国的研究生院是垄断的，只有一所商学院，在国内外都很知名。但这种寡头局面已经改变，现在形成了市场，虽然供需关系不完美，但商学院供给增多了。这就能促进竞争，从而改善商学院质量。现在我国有了一些优秀的商学院，这些学院能为社会问题提供解决方案。第一要解决的就是社会发展问题，第二是建立强大的民主体制，第三是促进经济发展，第四个问题不仅秘鲁需要解决，整个拉美都需要解决，那就是贫困问题和社会包容性问题。

这一行业发展稳定，（我们的商学院）进入市场时，改变了竞争局面，因为它为市场注入了新的血液及更有竞争力的教育项目，并以全新的教学方式和教学设计促进了教育创新。我认为这有利于国家，因为所有的商学院都在提高质量，扩大教授数目。这些商学院之所以得到发展是得益于良性竞争。我们也要迎接竞争，别的商学院创新时，我们也要创新，这样才能适应市场。

然而，一位受访者谈到了大学常常为了利润提高学费的问题，以及现在迫切需要建立机制来保证教育质量：

面对巨大的需求，传统大学无法为所有人提供质量一致的教育。因此，政府决定放开管制，允许教育行业逐利，那是因为政府看到了此举的积极影响。出现了一些新的大学、新的商学院，但是从长远的角度来看，上述举措并非百利无弊，因为这些新兴机构的教育质量还不够高。现在，政府出台了新的法律，试图加强教育质量和监管。这些新兴的逐利大学虽然增加了管理教育供给，但质量却参差不齐。

全球化和经济开放

受访者认为，全球化及随之而来的跨国企业兴起，以及本地公司全球化都是拉美尤其是智利和墨西哥管理教育进步的关键驱动力：

> 我认为管理教育与20世纪90年代开放经济的决策联系日益紧密。我国与美国和欧洲都签订了自贸协定，因此，我国公司开始面临全球竞争带来的挑战。从20世纪90年代开始，这一进程不断刺激对于管理教育的需求。

许多受访者认为，开放经济对于国际合作、吸引国外人才和获取新知识等许多领域有积极影响：

> 我得回顾十几年前，因为我觉得巴西管理教育界中最重要的事件发生在20世纪80年代末90年代初。那时巴西经济很闭塞，而且现在仍然不够开放，那时要做重大研究是很难的。所以市场一旦开放，就有大量商学院和教授来到巴西寻求合作，这对于我国的管理教育发展有重大影响。

> 管理大学和商学院都在寻求国外合作机会，增强国际议题和讨论参与度。他们渴望融入国际学术界，并且正在努力提升教育质量、发展国际项目和建立国际联系。所以今天越来越多的国际会议在巴西举办。
>
> 在阿根廷，这些（重大）事件包括：商学院合作越来越多，很多都与其他拉美商学院合作。拉美的地区合作和国际合作意识越来越强。

> 我认为，最近不仅在我们学院，还有其他学院，我们吸引外籍教授的能力越来越强。30年前，我读书时，教我的教授全是智利人，他们都很优秀，很多教授来自芝加哥但都是智利籍。今天，20%~25%的教授是来自欧洲、美国、其他拉美国家的外籍教授。我认为这对于本科教育和研究生教育都是一种重大改变。

一方面，有些受访者提到商学院越来越注重国际认证，认为此举能够加强其在国际学术界的地位：

巴西商学院10年前开始获得国际认证。我知道我们是最早得到认证的商学院之一。我不知道FGV大学具体是第几年拿到认证的，但是它在最早一批得到认证的商学院之列。

（我院）于21世纪初申请国际认证的决定为我国得到发展奠定了基础。20世纪80年代，（我院）还名不见经传，但现在获得了国际认证，我国其他学院也开始效仿我们十年前的做法，纷纷获得了国际认证。

另一方面，一些受访者指出全球化增加了拉美地区的国外竞争者数量。然而，他们观察到，这种热潮是美国和欧洲商学院来拉美扩大市场的结果，他们来得快，去得也快：

另一重大事件是一些国际商学院来到巴西。Thunderbird、密歇根大学和亨利商学院纷纷来到巴西，但最后都没能存活下来，黯然退出。匹兹堡虽然学生少，但是在巴西运营了数年，因为这是他们全球项目的一部分。我对这一点很肯定是因为据我所知，他们的学生数量非常少。总的来说，考虑到成本结构，匹兹堡在巴西不算成功。

高等教育监管

过去几年，很多拉美国家的高等教育监管都发生了重大变化。在有些情况下，这些变化对于加强管理教育带来了积极影响：

十年来，阿根廷管理教育发生的最重要的事件，我认为得从十几年前谈起，但是我们的MBA项目成立时，阿根廷的管理框架已经完全过时了。以前，阿根廷教育体制没有硕士学位。1994年，国会更改了高等教育法，MBA才从此成为官方项目。在那之前，我们的MBA是面向市场的，凭借的是名誉和价值，但没有国家教育体制的官方支持，那时我们在全国率先开设了硕士教育。

十年来，政府一直在试图重新掌握控制教育质量的权力，不仅是管理教育，而是整个高等教育。因此，整个教育体制是由教育部长规定的，要求全国所有大学通过资格评估流程。此举将优质教育机构与纯粹逐利而不关心质量和结果的企业区分开了。

我认为有一个事件非常重要，现在正在发生，那就是巴西的专业硕士教育监管。巴西的高管教育发展缺乏监管，限制不多，开设高管教育课程然后冠以研究生学位的名义并不难。但是，虽然有学位的名号，但实质上并不是学位，而是一种证书。一直到专业硕士得到更加严厉的监管，学位与证书的区别才开始得到重视。

另一个重要事件可能是近六个月内才发生的，即新政府想做出改变，采取的方式比较社会主义，承诺为至少全国30%低收入人群中70%的学生提供免费高等教育，这是一项重大举措。经过讨论，政府降低了目标人数，因为预算不够，现在这一数字已经降到了20%。但是此举是立足于一种理想主义，即教育是一种权利，应该免费，这一观念与过去50年大不相同了。我认为这一事件意义重大。

当然，一些例子也表明新立法带来了新问题，未来需要对此进行调整：

秘鲁最近的教育法改革非常重要，因为改变了管理教育和其他教育领域的话题。比如，现在如果你想当教授，就需要有博士学位，如果当地没有大型博士项目，你就需要去其他有优质博士项目的地方。五年之后，这一规定会成为大学的衡量指标，到时候本地化的博士项目就难以发展成为优质学术项目。这将成为一个发展性问题。

管理教育关键议题

我们询问学院领导有哪些拉美管理教育重大议题，结果发现有一些话题存在争议。其中之一就是拉美商科教育发展和监管改革所暴露的商学院质量参差不齐的问题。其他问题包括全球化带来的挑战和本地化需求。拉美商学院从教学主导向研究主导转变，更加注重创业和软实力也是重要议题。

商学院质量参差不齐

一些受访者表示，管理教育快速发展，拉美商学院数量快速增加，现有商学院教育良莠不齐，这种情况日益令人担忧：

> 公司和高管管理教育资源越来越多。20 年前，只有极少的精英高管有资格接受管理教育。接受 MBA 或研究生教育的人也少之又少。现在几乎每个机构、每位管理者都能接受某些形式的研究生教育，这已经很普遍。管理教育发展壮大，越来越普及，但我认为，与此同时商学院牺牲了质量。要在这么多人中普及，就出现了大量的选择，不是所有人获得的教育质量都相同。

> 总的来说，质量问题广泛存在，非常重要。巴西大多数管理教育都属于本科教育，有些四年制本科教育质量很好。但是，巴西同样存在大量以开办在职夜校为主业的学院，其中有一些费用低、标准化，每月 100 美元左右就能得到高等教育机会。夜校共 150 名学员，进行远程教育。同样有大量劣质管理教育机构，为基础教育水平很低的学生上课。结果，很多人上的都是质量很差的课程。

> 阿根廷的教育体制是层级清晰的，高质量的私立高校或者国

际项目屈指可数。公有和私有机构的质量参差不齐，包括一些本地化程度更高的参与者，更接近美国社区大学的机构，这些机构在社区就近提供教育机会，教授就业市场需要的基本技能。

认证是个问题，但我们正在努力解决。秘鲁这个国家很有意思，我们有三所认证的机构，其中CENTRUM商学院是经AACSB认证的，这在拉美并不常见。这三所重点商学院与之后的机构之间质量差距巨大。管理教育质量的不平衡是个大问题。

其中，受访者提到，巴西政府对高等教育的监管与该国许多MBA项目质量联系很紧密：

MBA认证包含一个重要问题。巴西传统高校体制包括本科教育、两年制科学硕士教育（要写毕业论文）和4~5年的博士（要写毕业论文）。科学硕士和博士教育叫作stricto sensu，而不用写论文的高管教育和研究生教育叫作lato sensu，要求较低。2001年，MBA被正式定位为lato sensu，所以在巴西这一项目就不算硕士教育了。因此，有很多所谓的MBA项目并不符合国际标准，而且教学时间仅有360个小时。

国际化挑战

全球化与随之而来的经济开放促使拉美商学院开始思考如何教会学生国际化思维，好让他们在新的竞争环境中成功。受访者详细阐释了管理教育需要具备的国际和全球视野：

过去10年，我认为管理教育主要是帮助商界增强竞争力，以保护本国市场不被墨西哥竞争者所占领。这种方法过去增强了本国竞争力，但是现在不同了，一个重大变化就是墨西哥人国际化了，开始干大事了，不再只考虑本地人、本地市场和本地需求，而是放眼世界。管理教育的功能变成了帮助墨西哥人拓宽视野，增强信心，以便更好地适应国际，不再仅盯着本地市场，而是增强国际竞争力。

我认为这种商学院的主要贡献在于支持本国自由经济体制。由于经济开放，我国与墨西哥、欧盟、中国和美国等50多个主要经济体签订了自贸协议，我们培养的公司领导正在改革公司、增强竞争力。

一些受访者也提到，在刺激和促进拉美管理学院国际化过程中，英语的地位显得日益重要。

国际化是很多国家的议题，尤其是秘鲁，因为该国能够流利使用英语进行阅读和表达的学生很少。我们的交换项目非常受制于学生的英语能力。英语能力对于分享国际学术资源也至关重要。我们做了很多努力，想寻求最佳途径，让学生们能够阅读最重要的学术文章和材料，这是商学教育中必不可少的条件，对学生、对一些教授都非常关键。

我认为另外一个问题是国际化，至少在（我们商学院），我不知道其他学院怎么样，我们在学位课程中大量使用英语教学，但高管教育却很少如此。全日制MBA有三种：其中一种是英语授课，另外两种第二年有英文选修课。这又是个问题，因为如果连英文课都没有的话，招收中国、日本、泰国、欧洲的学生就更不可能了。我们有90%~95%的学生说拉丁语，我们希望让他们了解世界其他地方，因为国际化非常重要。

对很多项目来讲，开设英文课都是个大问题。这是国家贸易自由化的一部分。我们与中国、韩国、印度、欧洲和美国等都签订了自贸协定，我国已经高度开放了。那么当然，商学院教育也要反映出国际化。

本地化需求

受访者讨论了美国和欧洲管理理论在拉美商学院占主导地位的情况。他们认为，现阶段同样需要将与拉美商业环境相关的内容纳入其中：

> 总体来说，拉美商学院一直在关注欧美，将欧美的东西照单全收。但有时，这些内容并不适用于拉美。因此，现在学生和企业都要求将这些内容改编后适应本地需求。10~15年前，由于这些内容无法满足当地人的需求，所以问题不在于教学内容。某种程度上讲，我们从欧美进口这些教学内容，然后应用到本地。但现在各种利益相关方都呼吁针对本地实际需求将这些内容加以改编。

> 我认为，过去我们过于依赖复制美国的经验。大多数商学院都模仿美国或欧洲大学的范式。我们商学院模仿的是斯坦福大学，复制它们过去的做法。但现在有了些许改变。我猜很多受过美国影响的拉美商学院都在做出改变。现在，我们正探索适合拉美的教育活动。理论上，管理学原理法则放之四海而皆准，但我们也要考虑拉美的一些具体情况。

向以研究为导向转变

一些受访者提到，许多拉美商学院对于研究日益重视，但同时招募受过科研训练的教职工却困难重重：

> 过去10年，教育界发生了巨变。基本上，最大的变化是商学院从注重教学转而注重科研。研究机构虽然不算多，但是研究导向趋势是很显著的。

> 我认为，10年前，智利商学院甚至我们商学院主要是教学导向，也就是传授他人已经发现的知识。但是近十年来，智利主要的商学院（包括我院）开始注重科研，尤其是管理研究。

另一个重大转变是从教学向研究转变，比如（我院），我们不会走极端，而是平衡两者，但也不会完全模仿美国。

我认为管理学成为一门科学学科是一个重大转变，从此，管理学不仅需要管理实践教授，还需要有博士学位的科研人才。过去10年，商学院开始争夺这方面的人才。一开始只有我们这么做，所以大家都知道我们高薪聘请博士人才。但现在，大家都在吸引人才，吸引优质研究人才越来越难，我们是否真的具有竞争力还有待讨论。总之这是一个趋势。

关注创业精神

人口年轻、最佳工作年龄人口比例大，决定了拉美需要创造更多就业岗位，这光靠制造业是不够的。因此，拉美年轻人越来越倾向于创业，而创业需要商业知识和管理技能来促进中小企业和家族企业发展：

创业精神10年前就存在，但现在获得了巨大的发展，尤其是本科教育方面。10年前，多数本科生想进跨国公司找个好工作，而现在，多数本科生希望自己创业，希望创造出轰动世界的东西，很多人已经在创业了。现阶段，本科生和研究生都有很多创业者，创业活动越来越多了。

显然，创业问题和创业教育所影响的范围更广了。这是我国的一大改变，尤其是对公立大学，如今仍有高达70%的学生上的是免费公立大学，而创业精神已经进入了公立大学，这是一个重大变革。

我相信，管理教育近10年面临的挑战之一就是如何培养企业家，不是仅能生存的企业家，而是能够真正创造价值的企业家。

重视软实力

拉美商科教育的另一重大话题是更加注重软实力、道德、可持续性：

> 近日，人们更加担心学生的软实力，而且道德、机构管理能力等素质也显得日益重要。

> 软实力培养取得了重大发展，10年前，软实力在课程作业中的作用被忽视，学校和公司的学员也很少关注这点。而现在，领导力、创造多产的团队、软实力培养变得非常重要。

> 过去20年，管理教育在金融、营销、生产、人际管理等职能中非常集中，尤其是MBA获得的管理知识越来越多。而现在，管理教育变得大不相同，尤其是MBA教育变得更注重人，更注重管理者，更重视加强领导力和策略，而不是知识。

不同行动者对管理教育的影响

我们询问受访者以下行动者对管理教育产生了哪些影响：

（1）政府和公共部门；

（2）私有企业（国内外）；

（3）国际认证和排名；

（4）国际学术机构（如国外大学、商学院）。

图3-1展示了以上利益相关方对拉美管理教育的积极、中立和消极影响。

多数受访者认为，私有企业和国际认证对拉美管理教育有重大积极影响。国际学术机构的影响较弱，既有积极影响，也有中立影响。然而，谈到政府和公共部门时，受访者观点出现分歧。略多于半数的受访者认为国际或本地排名对拉美商学院基本上没有影响。

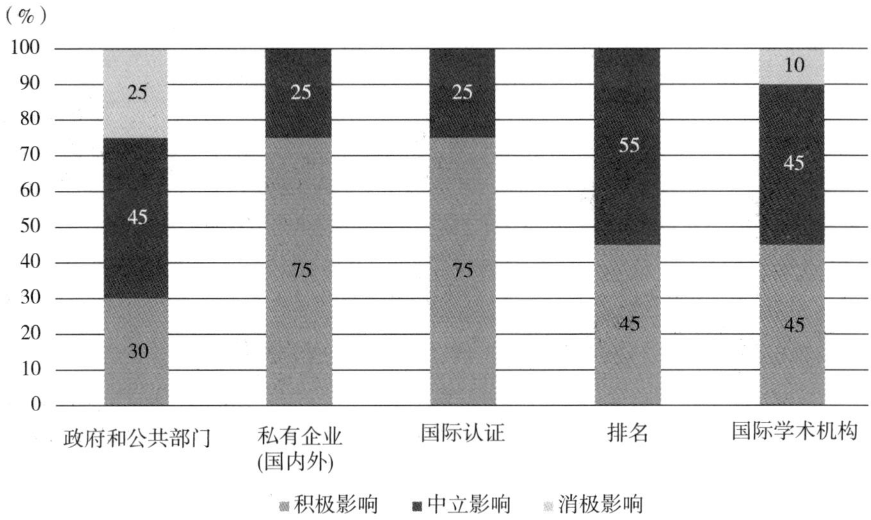

图 3-1 利益相关方对拉美管理教育的影响

政府和公共部门

各国政府和公共部门对管理教育的影响有所不同。有些国家政府很少干预，有些国家，如委内瑞拉和阿根廷政府干预程度很高。

约 70%的受访者认为政府和公共部门对商科教育的影响是消极或中立的。具体来说，1/4 的受访者认为该影响是消极的：

> 政府的作用并不积极。政府干涉经济活动，干扰了公司内部决策，进而影响了大学和管理教育。最重要的是，政府不鼓励公开讨论和交换观点。有人就因为发表通胀指数而遭到迫害，仅仅因为他们测得上个月的通货膨胀率为 4%，请了律师为自己辩护，最后还是坐了牢。

> 绝大多数公立大学并不是好大学，至少在秘鲁是这样，这是因为政府没做好。我希望将来政府提高教育质量，投入资源发展教育。过去我们跟政府关系不好，但现在这种情况已经有所好转。总体上，政府干预对秘鲁商科教育并不是件好事。

政府没能维持低价优质教育，逐利大学越来越多。过去，公立大学发展缓慢，为私立大学的发展留出了大量空间。但最近，公立大学再次蓄力发展。私立大学的发展主要是因为公立大学没有进步，但如果公立大学发展壮大，又加上费用几乎为零，就可能挤掉那些逐利大学。

哥伦比亚政府在基础教育方面做得很出色，但在发展高等教育方面却畏首畏尾。一个孩子从幼儿园到博士毕业需要50年，当然我是有点夸张了。如果在那些前途光明的20岁青年身上大量投资，不到10年我们国家的人才库就足以改变整个体制，但我们却没有那样做。政府决定处理基础教育问题，这固然重要，但是在我看来，却忽视了高等教育问题。

其他人认为并无影响：

私有企业是主要行动者。据我了解，至少在阿根廷，还有其他一些拉美国家，没有证据显示政府和公共部门对这一领域有任何影响，无论积极还是消极。

我找不出政府过去10年所做的任何跟管理教育相关的事情。

我认为政府和公共部门产生的影响很微弱，至少在我看来，几乎为零。

低于1/3的受访者认为政府对拉美管理教育有积极影响，主要是由于贸易开放：

我认为政府和公共部门过去10年创造了公司自由竞争的全球化环境，公司现在正在全球化环境中竞争。

政府通过开放经济，尤其是近10年与墨西哥、智利、秘鲁、美国、加拿大、欧洲和最近的韩国签署自贸协议，对哥伦比亚管理教育发展起到了重要作用。也许未来还会与中国和日本签自贸协议。这对管理教育发展做出了巨大贡献。

我认为政府通过出台政策促进墨西哥科研，为某些项目尤其是管理研究项目拨款，发挥了作用。此外，通过对优质教育项目进行 CONACYT 认证，政府间接发挥了作用。还有新政策，如某些改革影响了商业难题、商业模式等。也许国际投资、税收和金融管理规则也因此受到了影响。这些政府影响都改变了管理教育方式。

私有企业

大多数受访者认为私有企业从不同角度对管理教育产生了巨大影响。3/4 的受访者认为这种影响是积极的，主要出于两种原因：第一种原因提到的最多（50%以上受访者提到），即私有企业在促进国家经济发展中发挥重要作用，而且自身需要具备必要的能力应对国际竞争：

我认为私有企业对拉美影响巨大，尤其是对管理教育。私有企业与全球化有关，与经济发展有关，拉美近年来经济发展迅速。

私有企业是经济发展的引擎，过去 10 年，我们一直相信经济将会在私有企业的推动下不断发展，我们还以多种形式对高管校友和企业家联盟做出了贡献。

它们（国内外私有企业）是影响市场和需求的重要因素。它们用需求推动知识不断取得突破，地位举足轻重。

我认为私有企业在推动该领域发展中起到了巨大作用。私有企业推动高等教育发展，不仅是因为高等教育对国家发展相当重要，还因为教育的使命和目的。另一个原因决定了私有企业的重要性：大多数人上大学学习不同领域的知识，尤其是商学生，然后这些学生就业，成为管理人员，为私有企业提供劳动力。这样一来，私有企业就能从中受益，获得优秀管理者、优秀员工，所以支持教育是双赢。

墨西哥私企正变得全球化，对于管理教育的需求增加，所以私企对教育也产生了影响。但这带来了挑战，因为企业需要的是了解不同文化的毕业生，比如Bimbo、Cemex、FEMSA等公司在菲律宾、亚洲、欧洲甚至全球都有公司，这就需要能够了解并适应当地文化的专业人才。这些公司需要理解国际竞争和本国情况的专业人才，因为策略与了解环境关系密切。

私企对管理教育的需求在高管教育领域尤其突出：

私企在高管教育中一直是我们的重要合作伙伴，因为我们输送人才帮助企业管理、发展和建立新公司。所以我们一直紧密合作。教育机构与私企之间经常打交道，这种合作关系是不言而喻的，不管是本地公司还是跨国企业。

国内外的私企都很重要。我们有很多国际项目（机构内部高管项目），大多数是跨国公司办的。

另一类回答认为私企作为商学院的赞助者产生了积极影响：

从企业公司开始说起。拉美重点商科大学都是靠企业扶持。20世纪60年代，我们扶持了很多大学：Lima大学、ESAN、太平洋大学、Cayetano Heredia in Medicine等。还有其他管理类大学，几乎都是在同一时期建立的。有一些企业家想解决人才培养问题，所以投资建立大学。我认为，秘鲁商科教育质量主要靠私企支持。

另一个参与者是私立大学。本科教育发展取得了巨大的进步和巩固。国际组织、纯粹逐利机构都以惊人的速度增长，现在已有3~4个群体，涵盖上万名本科生。但是有些本科生并不年轻，而是成年人，想获得大学学位。一旦这些本科生成为研究生，就会追求额外的教育。

只有一位受访者表示私企的影响是中立的，因为该受访者认为，私企赞助商学院纯属交易，并不会进一步发展关系。真正需要大量管理培训的是大型国有企业：

我认为总体上，私企对巴西本科管理教育或MBA影响不大。私企的确赞助一些MBA学生，这对于高等教育很重要。但是私企与学习之间的关系并不紧密，对商学院的影响并不大。巴西国有企业的重要性在于赞助大型管理培训项目，为国有企业输送人才。这些国企投资力度很大，投资了许多项目，也获得了高质量人才。

另外，一些受访者表示，私企越来越多地作为管理教育提供者参与这一领域：

我认为，（私企的）角色往往是供应商。很多投资者投资教育和教育机构。虽然一些外企如Laureat进入了智利，但仍然是作为供应商而不是支持者。

一些公司启动了公司内部大学项目，比如Tenaris。这是一家钢铁公司，生产钢管，是阿根廷为数不多的跨国企业，在布宜诺斯艾利斯设有总部，在墨西哥韦拉克鲁斯（Veracruz）、巴西、休斯敦、加拿大、哈萨克斯坦、意大利、罗马尼亚和日本也有公司。该公司创立了Tenaris大学，吸引各国的人前来学习管理技术，大学设在布宜诺斯艾利斯附近的小城镇坎帕纳（Campana），在布宜诺斯艾利斯设有工厂。

此外，一位受访者呼吁私企对现有商学院加大支持力度：

一家德国机构将派一位名誉教授来讲物流，我们得在这方面发展，真正与国际和本地机构合作，实现名誉教授之间的交流。这在美国是一种传统，但在拉美还不普遍。

国际认证

受访者认为，国际认证对拉美商学院的影响要么是积极的，要么是中立的。75%的受访者认为其对改善商学院质量有十分积极的影响：

我认为认证机构是对商学院影响最大的机构，这是因为经济和社会活动全球化对商学院产生了更高的需求。全球化背景下，商学院不仅在本国竞争，还要与其他国家竞争。因此商学院需要一些标准一致的认证，随后就开始遵循某些国际通用的规则。

认证是一个关键因素。我刚任院长时，学院只有SACS认证，然后我们开始朝AACSB努力，再后来是EFMD，过程相当不易。最后终于成功获得了以上所有认证。这些认证提供流程、要求、重点，让我们能够借鉴其他商学院，对我们的进步相当重要。

然而，少数受访者发现符合国际认证标准的商学院并不多：

我刚才说过，这个市场分层很明显。有国际认证的商学院是顶级的，还有很多公立和私立项目正在申请国际认证，但由于不符合要求所以没有通过认证。

除了对学院质量的积极影响，一些受访者还提到了国际认证对商学院定位的影响：

我认为，由于商科项目和MBA越来越多，学生们开始意识到认证的重要性。认证机构向市场提供信号，帮助区分不同项目。此外，这是一个设定统一标准、遵循国际标准的好机会。

> 国际认证对我国的影响很好，使国际标准更为人熟知，有利于我们进行体制改革。市场可以根据国际认证来判断大学质量的高低。

但仍有一些受访者认为学生和企业并未真正意识到国际认证的价值。因此，这些认证只在国际学术界有效，尤其是发展国际合作关系和协议时：

> 我认为认证机构越来越重要，由于商学院质量参差不齐，所以认证能够区分质量。但大众还未认识到这一点，所以国际认证的名声还仅限于院长、局长和行业内从业者。认证机构需要让大众了解认证的意义。

> 从市场和企业的角度看，认证没那么重要。他们不太了解认证是什么，也不知道谁在认证过程中起主要作用，对此既不在乎也不了解。从学术角度看，认证很重要。我们与商学院有一些合作关系，认证对于商学院很重要，但是对市场来说并非如此。

> 认证的主要影响在于改变了大学政策，认证使大学和学院可以与外国学院和大学签署协议、建立联盟和合作关系。但是认证对于学生的影响并不明显。也许认证对杂志给市场的商学院排名有些影响，但这种影响并不是直接的。

此外，在某些国家，本国认证发挥主要作用，尤其是本科教育：

> 我认为，（国际）认证机构与 MBA 教育相关，但本科教育与本国政府认证机构 CNA（Consejo Nacional de Acreditacion）关联更大。AACSB 和 EFMD 是 MBA 项目的主要认证机构。

> 本国认证的影响在于敦促大学提高质量，但这些机构虽然关注大学，有时却并不了解研究生教育。国际机构之所以没有发挥

作用，是因为缺乏来自国内机构的市场压力。

国际和国内排名

总体上，排名对拉美管理教育的重要性较弱。提到排名的受访者中，一半以上认为排名对商学院活动影响基本中立。

然而，一位受访者认为排名促使商学院力争上游：

> 我认为排名有（影响）。人们会看重排名，市场也喜欢搞排名。有时候，即使是名声好的商学院也想在排名中靠前，这一点全世界都一样。但很多商学院为了排名靠前，会做一些不太明智的决定，这是弊端。而且有些排名并不可靠。我认为排名的影响大于国际认证，因为排名受众更广，比认证有意思，但同时也存在弊端。

有趣的是，只有在世界排行榜上有名的拉美商学院的受访者认为排名重要，尤其是对于商学院在国际上的拓展：

> 排名使商学院为世界所知。排名告诉学生：全世界都知道你就读的学院。要想（我院）成为受世界认可的顶尖拉美商学院，就必须参与排名。排名是必需的。包括商界人士、学生在内的任何人都想知道你就读的商学院排名如何，尤其是国际排名，所以我们才招收世界各地的学生。

> 我们参与了《金融时报》、国内MBA、《金融大师》、《创新大师》排行，结果都不错。参与国内外排名可以使我们保持竞争力。

国际学术界

虽然近一半的受访者认为国际学术界的影响积极且重要，能够促进拉美商学院国际化，但其余受访者将其视作新的竞争压力来源。

持积极态度的认为商学院因此得以建立各种各样的合作关系、达成协议、建立合作项目：

> 近10年来，这是新战略的一部分。国际学术界改变了我们在本国和世界的定位。双学位、交换项目或同行评估团队都提升了学院质量，扩大了国际化和研究范围。要想招到未来国家的领导者，就得赋予学生在本国、拉美甚至发达国家成功的能力。因此，这种国际合作很重要。

> 这很重要，因为合作本身就很重要。合作伙伴是谁、与谁合作完成国际交换项目、合作程度、雇员交换、四大国际认证机构（在我国）的各自特征都决定了我们能否拥有好的合作关系。我院教师持海外博士学位、与国外机构共同做研究项目的比例很高，研究教学水平高，交换项目多，国际声誉好，国际合作多。这对于大学战略、定位及管理教育在本国的名声很重要。

> 智利很多大学与国外大学有协议，如智利大学和Tulane大学，拉美天主教大学和Torcuato Di Tella与洛斯安第斯大学等。新兴商学院如Deigo Portales和Pompeu Fabra等大学更是如此。很多商学院开始丰富MBA教学，提供出国访学项目，同时我们也接受很多国外大学的来访。

> 我认为墨西哥市场对这些商学院很重要，因为墨西哥人口多，而且在拉美对美国交流合作中扮演主要角色。但这些商学院并非在墨西哥单打独斗，而是在寻求合作伙伴，这种合作方式也在变，我发现很多商学院开始与国外商学院展开合作。

认为国外学术机构是拉美商学院的新竞争者的受访者表示，国外学术机构要么是威胁，要么影响不好不坏：

有些国际市场并没有发展，比如欧美市场。发展的市场是新兴市场。未来几年，欧美大学甚至拉美大学的竞争会很激烈，一流商学院会进入多个市场。

国外商学院纷纷走向世界，其中一些进入了拉美。我认为拉美一流商学院面临挑战，不仅需要跟这些国外大学紧密往来，还要发展真正的合作关系，这样才能防止国内市场被国外大学完全占领，我们要通过合作，利用拉美商科教育，满足拉美和全球的需求。

认为国外学校影响不好不坏的，认为尽管这些学校想进入拉美市场，但由于语言障碍或定价问题都失败了，尤其是巴西：

智利的外国学院并不多。曾经在智利发展过的外国商学院都是二流的，主要来自西班牙。但我们将会看到很多美国一流商学院进入智利。来智利最著名的是 Tulane 商学院，因为在这里待的时间最长。阿道夫伊瓦涅斯大学与安德森之间有过合作项目，但由于市场不支持该项目成本，所以作罢。

国际商学院开始进入巴西市场，有些想把自己的项目介绍到我国，招聘人才或吸引学生。我个人认为，这些尝试并不成功，因为定价高于国内水平，所以需求很小。也许他们很关注日益增长的需求，但是我没见哪个项目发展壮大过。

这对巴西的压力很小。主要有两大障碍阻碍外国商学院进入巴西：一是语言。我认为大多数巴西人不讲外语，这跟墨西哥不同。尤其是如今这代机构领导者英语水平不过关，即使西班牙语也不流利，所以这是一个巨大的阻碍。二是定价。国外尤其是欧美商学院的定价太高了。

管理教育发展主要变化

我们询问受访者拉美管理教育发展过程中都有过哪些主要变化。回答主要围绕以下四个主题：

（1）商学院国际化；

（2）研究的重要性提升；

（3）优质商学院增多；

（4）线上教育。

商学院国际化

拉美商学院有很强的国际化趋势。这一过程涉及项目内容、教学材料、研究和国际合作扩展：

我认为国际管理实践和国际研究的影响增强了。巴西管理教育非常关注本国，非常重视学术，与企业联系很弱。

一个（变化）是拉美商学院与欧美商学院的合作关系数量增加了。大量项目是建立在项目内容和教授基础上的，为高管和学生出国创造了机会。近 10 年，国际化程度加深了。

我认为大多数商学院都在寻求国际合作伙伴，因为结盟能够提升品牌价值，它们在寻求吸引本地人的方法，让本地学生不用出国，在秘鲁、墨西哥和阿根廷就能有全球化体验。我认为未来商学院不开放寻求合作的可能性很小。

一些受访者提到了 CLADEA 现在和未来推动商学院国际化的效果：

我认为 CLADEA 对拉美很重要，我们因此能够共享经验。我们能够与同行交流，吸引国外教授来我们的大学授课，将我们的教授派去国外，开展合作项目，如双学位和国际硕士。这是一个好趋势。

很多商学院并不关注改善本国商业，而只关注自身的发展。所以我认为CLADEA能够促生一种针对二等商学院的国际认证机制，保证这些学员质量不低于一定标准。

此外，一些受访者谈到了国际认证和拉美商学院国际化排名的影响：

全世界都出现了影响商科教育的变化。其中一个变化就是经济全球化迫使商学院改革，因为全球化不仅影响经济还影响商科教育。而且，按照对国际化的定义，一些认证或排名机构使国际化变得无可避免，即教授、学生、活动、研究都要国际化。毫无疑问，全球化迫使人们做出改变。

商学院希望得到认证，有许多院长作为成员参加国际会议，但其所在的商学院仍然无法通过认证。这些学院想得到品牌认可、品牌价值，从而吸引学生。

《美洲经济》（*America Economia*）排名是很多商学院的主要动力。该排名设定了很多商学院应该最大程度实现的标准，往往与院长所关注的背道而驰。通过设立标准，该排名将国际认证作为一种商品引进，要想入场，就必须得买这个商品。

我认为机构日益国际化了。虽然仍有一些只关注地区认证，但大部分都在追求国际认证。

研究的重要性增加

拉美商学院的另一重大变化就是对研究日益重视：

> 我认为最重要的变化是商学院的关注点，以前关注教学，现在关注研究。

> 期刊上的文章变多了，这证明我们的学术机构和学术研究质量提升了。

> 拉美发生了一场变革。15 年前，商科项目很少，重视研究的机构就少之又少，严肃学术成果严重缺乏。有了 CLADEA 后，合作、网络和框架增多了，但影响有限。现在，优秀商学院很多，很多教授都认真对待学术研究，研究项目可与全球一流的项目相媲美。

优质的学术研究成为了商学院的核心活动。这与“严肃学术研究”建立合法性有关，此举使拉美商学院走向世界，与全球一流的项目竞争。这一变化也推动了商学院人事变化，增加了博士比例：

> 一个显著变化是人事结构变化。20~30 年前，做研究的博士很少。大多数教授是兼职的。今天，重点商学院重视研究，想在国际期刊中具有竞争力，这就促使我们改变雇用对象，这在 5~10 年前是难以想象的。

> 我认为机构也在追求博士人才，有些变得更加注重研究，没有那么关注教学了。

优质商学院增多

拉美管理教育的迅猛发展和重要性提升催生了一批优质商学院，具有全球竞争力，分布在拉美各国：

> 我看到拉美商学院的数量、质量、全球化、相互合作有了显著提升，不仅拉美教学质量提升，全球的教学质量都提高了。

我认为过去10年，拉美教育项目质量有所提升，解决方案也增多了。

线上教育

一些受访者表示，国际竞争者和线上教育是拉美管理教育进一步变化的重要体现：

商学院更加国际化了。我们有潜力的学生出国并留在海外的选择增多了，这种竞争比过去更加激烈。因此我们需要提高竞争力，否则学生就会都去国外上学了。线上教育刚起步，还有很大发展空间，语言仍然是一大阻碍，但这一障碍正在快速消失，一旦这种障碍消除，远程学习就会影响所有人。

所有商学院都在追求教学灵活化，其中一部分开始转向线上教育。我认为，我们都在思考如何将线上教学和管理教育融合起来。

科技改变了教育方式、学校定位和运作方式。科技催生了新的教学方式，我们有同步技术、异步技术和慕课（MOOCs）等，这是一个趋势。

管理教育忽略或遗忘的问题（盲点）

我们询问受访者有哪些应该从拉美管理教育的发展中学到却被忽略的经验教训。受访者回答了以下三点：

（1）当地环境和实践的价值；

（2）地区合作的益处；

（3）当地研究的需求。

少数受访者认为很少有经验教训被忽略或遗忘。他们提到了拉美近年的发展和成就，以及国际化商学院的兴起：

> 其实，我认为被忽略的方面不多。商学院面临的市场竞争非常激烈，他们不敢忘记经验教训，要保持竞争力，就必须考虑所有因素。我认为正好相反，商学院起点不高，研究了整个发展历程，做了很多改善，考虑问题很全面。

另一位受访者认为，拉美有很多积极经验。然而，拉美在提升商学院质量方面做得很成功。他们认为问题在于追求教学研究国际质量会导致对当地环境和管理教育价值的忽略——这与以下三个问题相互交织：

> 我只能找出积极教训。拉美商学院和高管教育的好品牌都追求卓越。例如，要建立优秀的机构，就需要优秀的教师，这就需要将教师外派，并从国外引进人才。好品牌意味着好服务，好服务需要适应地区情况的项目。另外一点就是这些机构都很出名，我们从中学到了很多，要得到国际认可，至少需要做一些学术研究。这就像这一行业的国际惯例，正在为拉美所接受。这一教训是精神上的，面向未来，相关拉美品牌、商学院和大学都在向国际靠拢。没人知道这具体什么时候会实现。拉美有很多优秀的本地商学院，当你走进它们，就会发现这些商学院比表面上更加国际化。

本地环境和实践相关性的价值

拉美国家面临的商业环境不稳定、不确定、复杂、模糊（VUCA）。发达国家的情况就大不一样了，因为很多管理理论都已经得到运用。但人们对于如何在拉美当地经商还没有足够的认识，管理教育也没有抓住机会创造这类知识，因此未充分实现对于经济发展的贡献：

> 美国商学院的教学内容和拉美相差并不大，我认为这一说法是错误的，实际上内容相差很大。比如，南美不适合经商，那里商人名声不好，政府不鼓励市场力量。我常在想，也在尝试，

> MBA不仅要教放之四海而皆准的管理技能，还要考虑经商地点的具体环境。但这太难了，我没有成功。没有一篇文章或一本书是关于如何在拉美或恶劣环境下进行管理的，都是写如何在顺境中管理的，至少南美是这样，我不知道是不是整个拉美都这样。

贴近实践并考虑当地对业务的需求也是一些拉美商学院经常忽略的一点。广义上，管理教育必须为拉美产生经济社会价值。这种价值通过仔细观察本国或地区环境来创造，而不是盲目模仿北美管理教育模式。受访者认为这些盲点在于当地环境被忽视了，降低了创造价值的能力。

> 我认为应该更加注重社会需求。现在我们很关注国际竞争者和国际化，但有时却忽略了本地环境，没能让学生充分了解自己的国家、历史及本国的挑战和机遇。我们既要向外看，也要向里看。管理教育既要注重竞争力，也要消除不平等，考虑社会环境。

> 在了解自身问题并将问题转化成机遇时，我们采取的方法不够全面，我们的知识体系、管理和商业发展都不够全面系统。

更具体地讲，受访者讲了管理教育实践中忽略的本地化问题：

> 我认为有时我们太盲目跟从认证等事务。博士研究和出版固然重要，但管理实践同样重要，不容忽略。我们需要高管将自身经验带到学术研究中，不能光指望学术，还要兼顾实践。这一点对排名和认证也是一样，虽然排名和认证提出的是学术要求，但是也不能忽视实践，这对商业太重要了。

> 联系对于国际化、开放创新都很重要。要根据变化，与市场、高管和企业、政府和监管者、学生保持紧密联系，快速改善教育项目、研究和技术。

其他受访者表示，对于拉美管理者来说，严格学术研究和实践并不那么对立，但仍需协调：

我们试过融合公司和学界利益，但没有成功，不仅在拉美，在全球也如此。如果你询问公司，公司往往会认为学界跟它们的需求和处境不太相关。我们试过建立桥梁，但作为学术界的成员，我们还没找到方法。

地区合作的益处

拉美商学院还没有充分利用合作优势，以地区为单位发展内容和项目。就现有的地区内贸易水平来说，拉美商学院之间还缺乏合作：

我们在学着进行合作，但是国家之间存在许多差异。欧盟有很多针对各国的框架，但拉美不同，国家之间差异很大，而且不太乐意分享。所以拉美没能实现一体化，共同提供优质教育。拉美各地区分化严重，地区内竞争激烈，要解决这一问题，也许我们应该共同合作、共同进步。

主要挑战在于地区合作。拉美有优秀的商学院，如果我们在竞争的同时能够合作，就能变得更强。

我们尝试过地区合作。巴西由于和其他拉美国家存在语言差异，比较孤立。尽管我们在南美，来自周边国家的学生却很少，人事交流为零。反而我们与欧洲商学院和学生交流更频繁。从地区的角度思考，将邻国视作就近的市场，与之互动，恰好是我忽略的。我以前没意识到这也是我们的职责所在。

当地研究的需求

尽管对于研究日益重视，却并没有将研究重心放在深入了解拉美上。

无论是投入还是成果方面，都需要做出更多努力，开展更多关于拉美的学术研究：

> 我认为拉美博士项目不够多，需要优质博士项目，这样我们的学生就不用去美国、英国、西班牙或法国读博士。在研究拉美情况的同时，也应该发展博士项目。此外，我们的期刊不够。要在优质期刊上发表文章，就必须往美国、加拿大、澳大利亚或英国的英文期刊投稿。出版界的工作语言成了英语，主要集中在盎格鲁—撒克逊国家。我们得有自己的期刊，但质量足以支持优质期刊的研究却不多。这就成了一个难以打破的恶性循环。我们需要更多博士、更多优质研究、更多针对拉美现状的研究。其中一个领域是道德，墨西哥是道德问题最多的拉美国家之一，公共部门和私有部门都存在腐败。我看不到研究或解决这类问题的科研。

> 我们缺乏思考和研究自身问题的人。要培养研究员，去理解问题、创造和分配财富，而不是抱怨，反对商业、反对政府。

当地和国际研究之间的取舍也是一个挑战，没能利用这一机会关注拉美本地的管理研究，例如有前景的管理经验：

> 说到商业，你可能会问：本地、本国、地区知识有什么用？我认为，拉美一直在地区和国际思维之间摇摆，一会儿创造地区性知识，一会儿又研究商品、知识和教学。这里有一个取舍：一方面，你想保证质量，根据科学界的标准，被引期刊表明你具有全球竞争力；但另一方面，拉美有很多方面还不发达，如自身的知识体系。例如，我们对于拉美的人力资源管理和市场营销所知甚少。

结语

过去10年，拉美管理教育经历了重大发展，重要性显著提高，尤其是人口大国、经济发展加速和监管框架完善的国家，以这些优势促进了管理教育发展。

商科教育发展不仅意味着提供者增加，还意味着商学院质量和国际认可度提升。此外，全球化和贸易开放促进了商学院国际化，但也带来了国外竞争。

国际认证显著影响商学院活动，主要体现在促进对研究的重视、改变人事结构和促进与海外学界合作方面。

拉美商学院面临的挑战包括提升教育质量、发展本地化相关度及创造自己的知识体系和身份认同。

基于以上讨论，第四章将进一步探究拉美管理教育者面临的主要挑战，探索现有挑战和新挑战。

第四章
拉丁美洲管理教育现状

第三章提到，拉美管理教育的发展已为该地区的商学院带来了一些挑战（当然也催生了不少机会），这些挑战尤其体现在供应商及项目提供者的人数及全球化的影响上。

本章将研究上述挑战和机遇，以及在不久的将来可能会出现的相关关键问题。本章还将分析拉美普遍的商业教育模式，以及受访者关于“拉美是否需要更具体更独特的管理教育模式”这一问题的见解。

拉美管理教育面临的主要挑战

我们请一些管理教育者指出拉美商业教育目前正面临的严峻挑战，他们的回答大多直接指向了第三章中所描述的主要问题及变化。这些挑战大致可以归为以下六类：

（1）教职员招聘与职业发展；

（2）研究支持；

（3）学校资金来源的多样化；

（4）国际化程度的加深；

（5）相关教育的提供；

（6）新型学习模式与教学方法。

值得注意的是，上述挑战绝非拉美学校所特有。但拉美商学院要克服其中的几项挑战（例如教职员招聘与职业发展）难度更大一些。

教职员招聘与职业发展

85%的受访者表示，拉美地区的很多商学院越来越注重做研究，因此招收拥有博士学位的教职员变得尤为关键。然而，这也引发了一些担忧：学校是否能雇佣到合适的教职工；是否能雇佣到既擅长教书，又具备相关经验，还能为研究做贡献的教授：

> 学校的重心正从教书育人转向调查研究。关键在于找出两者的平衡点。拉美学校广受诟病的一点就是它们的教职员并不具备良好的学术背景——教职员没有博士学位，甚至连本科学位也没有。但同时我们也要承认，这些教师很擅长传授目前正“流行”的东西。

> 欧美一些学校的问题恰恰相反——这些学校里的教授似乎是站在象牙塔顶，对公司企业里发生的事一无所知。

> 学校需要的教师既要有学术资历，又要掌握对现实和环境的理解，因此，拉美商学院面临的一大挑战便是在这两点中找到一个完美的平衡点。

> 我们要招收的教职员必须具备科研能力，还要能教授衔接到数字时代的课程。

> 最困难的一点就在于找到那个擅长教书、精通科研、善于和从业者打交道的人。这就是最大的挑战——还要想办法留住这样的教师。

科技和数字方面的变化加剧了找到平衡发展的教师的难度。但使这一挑战更加严峻的一个重要原因是拉美地区目前缺乏管理类相关的博士项目。

另一个挑战是高级人力资源培训。我们没有太多专注于管理的博士项目。我们虽然正在发展一些较好的项目，但规模较小。

教职员招聘和科研即是挑战。一个非专业的商业项目想要招收到学生是很困难的。在我看来目前阿根廷唯一的博士项目就是IAE，而且IAE仍在计划中，尚未实行。

此外，如图4-1所示，在全世界的商学院中，具有博士学位的全职教师的比例，拉美地区最低。因为在拉美地区，较差的环境加上较低的工资使招收高质量的国际教师变得尤其困难。

总而言之，整个拉美地区都面临着招聘合适的教职员这一挑战。难点在于，要在这样一个差强人意的国家环境进行招聘，国际上对于高质量教师的竞争，以及通过招聘新鲜血液来增强教学与科研能力的需求。

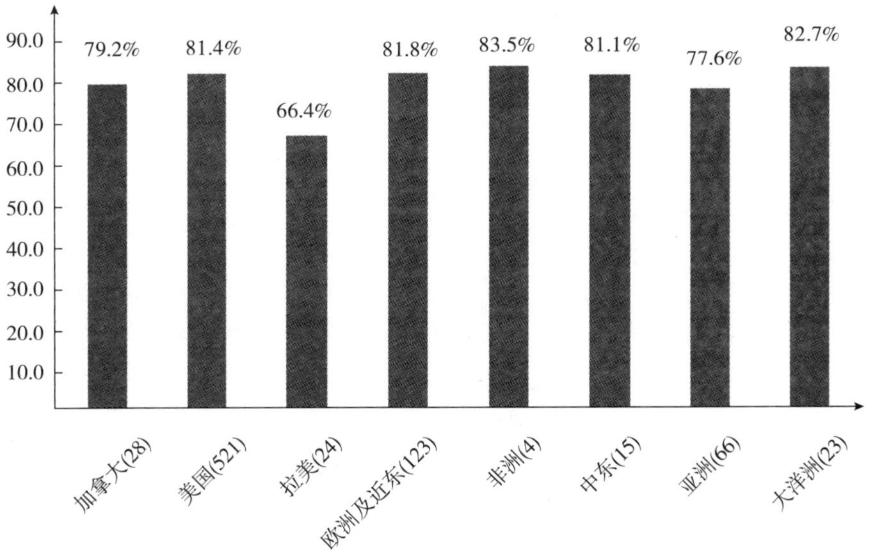

图4-1　各地区研究型博士在全职教师中的百分比

注：括号中的数字表示某地区参与该调查的学校数量。

资料来源：国际商学院协会（2017）。

以下几则评论详细阐述了在这样一个具有挑战性的国家环境中招聘国际教职员的难点：

在过去的几年中，我们一直处在维护模式下。因为大环境始终不利，所以我们在招收国际教职员这方面并没有多少进展。但我们能留住已有的教师，这点我们一直做得不错。教职员在这里生活得很开心，也能与我们风雨同舟……就像是大家都有强烈的归属感，即使外部危机四伏，大家也能做好工作，这还是很有意义的。但总体来说，一切都不容易。

至少在我们机构里，基本上我们的行事方式就是要信赖那些想要到阿根廷来的人。因为，假如有个人生在法国，又在伦敦学习拿到了博士学位，想要说服他到阿根廷来是非常困难的。

问题就在于要怎样吸引更多的优秀人才到这个局势不太稳定的地方来，让他们在这个有些封闭的环境中工作，和一些不太有批判性思想的人做研究，还得要留住他们。其中一个关键问题就是：怎样继续吸引优秀教师到这样类似的环境中去。

还有一些评论强调在全世界都在争抢优质教师的情况下，拉美面对的各种挑战，尤其是薪资制约：

第一个挑战就是吸引教职员。因为我们在和全世界竞争人才。如今，我们的毕业生会继续深造拿到博士学位，有好的博士学位在手就意味着在全世界都有市场，所以我们的挑战就是，不管是在经济上还是研究上，我们都要与世界竞争。我们不仅要吸引本国的教职员，还要吸引全世界的教师，这样我们才能有全球视野。

拉美地区需要更高质量的教师。我们的确有优秀的教职员，但数量还是太少了。我认为美国教育市场把教师工资水平抬得太高了。但这就是现实。也许 5~10 年后市场会下调一些，工资水平会更合理。但是如果想要招到最好的人才，就要付给他相应的工资。要到市场中去寻找最好的人才。但拉美大多机构都没有考虑到整个地区的工资水平，还只是局限于当地的工资水平。所以再想要招聘到最好的教职员基本上是不可能的，因为国外总有更高的工资给他。

拉美需要更多有博士学位的教师。薪资水平尤为重要，因为和我们竞争的是全世界最好的一些商学院，它们都想要有科研经验的高质量教授。目前，我们在和哥伦比亚、智利、美国，甚至在和欧洲和亚洲的学校竞争，因此要招到优质教师实在太难了。所以，如果你工作的大学在吸引教授方面竞争压力太大的话，想找到解决方法并非易事。我们正尝试做的是让整个国家都变得更有吸引力。比如说，如果我们是一个农商国家，那么专攻农商领域或新兴市场的学者将对去秘鲁工作很感兴趣。所以我们要找到我们不同于其他地区的竞争力，以此吸引高质学者。但这并不容易。

尽管如此，一些学校已经想出了一系列策略，招聘接受过博士项目教育的教师，以此建设师资力量，提升研究能力。一位受访者清晰地指出了三种最常见的策略：

招聘教师的三种主要策略有：第一种方法是把没有博士学位的已有教师送出国，到国外的博士项目去。在他们学习期间提供奖学金或补助。

第二种方法是发展本校的博士项目，这样教师就能在自己工作的大学拿到博士学历了。

还有第三种方法，就是到国际市场去寻找人才，这样做的成本通常很高。有时你招聘到的教师定力不足，不会在某个国家待很久。

这三种策略皆有利有弊。我认为拉美地区的大学需要将这三种策略整合一下，因为它们可以互补。

大多数教育机构都倾向于选择送教师留学或在当地开设新博士项目：

招聘教师太难了。那我们一直以来的方式是什么呢？我们送人出国留学。费用很高，因为要想送人出国，你要有足够的资金，还要找到愿意出国读书的人。我们在一些理科研究生中选了几个最出色的，聘用他们做两年的研究助理。在那两年里，他们和我们一起做研究，发表一两篇文章。这对他们申请国外的大学很有帮助。除了我们每月2000美元的工资，他们还会申请智利的一个奖学金。之后，他们要回到学校，在学校工作，直到偿还清我们曾付给他们的工资。现在我们正在开展一项商业有关的博士项目，这也是我们计划中的一环。这样我们就能从我们自己的博士项目中招聘教师了。同样，这样做也能为本地区做贡献。

我们把本地区年轻的优秀人才都记录在案了，他们都是出国读博，想回到拉美工作的。有了这些人的帮助，我们一直做得不错。所以到了招聘的时候，我们会关注来自阿根廷和邻近国家的已经在海外拿到了博士学位的人。我们很擅长招徕这些人。我不希望在这方面会有很大的改变，我觉得这个方法一直挺管用的。

研究支持

招聘优质的教职员是一大挑战，除此之外，为了在商学院中建立一个充满学术氛围的社区，就要在管理方面做出高质量的研究，并保证充足的来源于政府或社会的研究资金，这也是挑战之一：

我们需要更多的研究。因此，我们需要更多的资金来支持研究。到目前为止，大部分的研究，特别是在我们学校进行的研究，以及我比较熟悉的地区所进行的研究，都是用学费完成的。但学费是不够支持研究的，永远都不够，我认为这也不是正确的方法。我认为企业必须投资研究。

我想说，关键问题是如何让私营公司参与到合作研究中来。你在欧洲和美国看到的那种合作，企业是信任商学院的，企业相信商学院有能力解决问题，或者和企业合作共同解决问题，所以企业愿意为应用研究提供资金。但这在拉丁美洲是不可能发生的，只有巴西是个例外，巴西有许多和大学合作的企业。除了巴西，校企合作在拉美是看不到的。

与此相关的因素是学校和企业的密切联系，以及管理教育的价值。所以简单来说，企业资金很少用于学术研究，政府资金也是如此，因为管理不被视为重要的研究领域。话虽如此，我们收入的25%来自我们所谓的咨询，但这些收入基本上都用于研究了。所以我们为公司做一份咨询工作，然后围绕这份工作写一篇论文，就根据它做研究。但是，基本上来说，我们为公司提供服务，然后使用其结果来支持研究活动。

学校资金来源的多样化

在拉美地区，除了需要更多的资金来发展研究事业，一些受访者还强调，通过扩大资金来源，以增加学校资金储备，同样至关重要。在拉丁美洲大多数政府正在减少对大学的支持和补贴的情况下，增加学校资金储备尤为重要。目前还没有可行的方法能替代资源捐赠。因此，最大比例的资金主要来自学位课程的学费，尤其是高管教育课程的学费：

在一些国家，政府正在减少补贴，只有智利恰好相反。但在大多数国家，政府都面临着压力。他们正在从研究中撤回资金资源，从给大学的直接补贴中撤回。大学必须创造价值主张，以吸引资金、私人捐赠、高管教育。这是大多数商学院面临的挑战之一，因为我们在过去10年中所做的部分投资都是用于增加教师规模，主要是在研究方面。但我们都知道做研究是非常昂贵的。做研究并不能提供资源，事实上正好相反，它是消耗资源的。所以你必须投资。研究成果并不会教会我们很多，但只要一经发表，我们就能因此获得很好的排名。但实际上，我们并没有得到任何报酬。

拉丁美洲的另一大挑战是让学校获得公司或富有的个人和校友的支持和捐赠。这在我们的文化中并不存在。

此外，低价和企业大学的崛起已经对入学人数产生了负面影响，也影响了国家中一些顶级商学院的现金能力。这些商学院的学费是最昂贵的：

顶级私立学校的入学率正在下降。增长是不存在的。我有两个基本假设，说明为什么会发生这种情况：第一，在墨西哥的一所较好的私立学校攻读硕士学位，甚至只是本科学位，学费已经提高了很多，很多家庭负担不起。

第二，商业学位的价值已经有些下降了。在本科阶段，价值下降的原因似乎是低质量的营利性大学过度使用学位。墨西哥有很多人拥有这些学位。这对正在努力做好教学工作的顶尖学校造成了伤害。在硕士阶段，我们有种现象是公司不支持学校的项目，因为它们更喜欢在企业内部培训它们的高管。

国际化程度的加深

85%的受访者再次提到拉丁美洲管理学院的国际化挑战。虽然一些学校认为他们的主要使命只是在于地方或区域层面，但他们仍然相信国际关系的重要性。其他学校则接受国际合作伙伴关系，以建立其国际声誉。这种国际化的动力包括许多不同的方面。

第一，尽管拉丁美洲学校与该地区以外的商学院（主要来自欧洲和美国）之间的国际合作关系数量有所增加，但在过去 10 年中，这几乎只对受官方认可的学校或那些有良好声誉的学校有利。因此，将该地区商学院的国际联盟范围扩大到非洲和亚洲等其他大陆的挑战仍然存在：

> 不同的学校采取不同的策略。有些学校真的希望在国际上有立足之地，而且它们在这个非常艰难的竞争环境中也取得了很大的进步。还有像我们这样的学校，只是一个地区层面的学校，但希望成为一个大型国际社区的一分子。我们不期盼我们学校的课程还能开设到新加坡去，也不期盼我们的学校中有很多的国际留学生。这不是我们努力的方向。我们的大多数竞争对手都是类似的情况。我们将自己视为具有强大国际关系的本地机构，是国际社会的一部分，但主要为当地客户服务。
>
> 我们了解到，我们需要获得认证，才能成为顶尖学校的合作伙伴。虽然我们已经做到了，但它的确花费了我们很多时间来实现这种可能性。但效果真的很好。例如，我们正在与一所英国学校合作，在本科阶段开设双学位课程。这样的合作很好，但在我们国内，甚至在拉丁美洲，这样的经历并不多。关于研究生阶段，我们有一个西班牙学院的双学位。但我们在挑选这些双学位项目的受众时要仔细些。这些项目通常是小型课程，针对可以支付对应学费的人；受众绝对是不多的。
>
> 我们可以继续发展这些项目，即使我们并不能从中获益。因为它赋予我们声誉，我们从这些项目中不断学习。我必须说，在像这样的国家里，我们比发达国家有更多的经验学习。我觉得这是个好事儿，这样我们就能够和顶尖学校建立伙伴关系或其他有趣的关系。
>
> 无论喜欢与否，地缘政治轴线都正在向东移动，移到了亚洲。去年，我访问了亚洲，访问了日本、韩国、马来西亚、新加坡和中国的几所大学和管理学院。我的目的是想要它们知道我们存在，想告诉它们在未来的岁月里，我们可能会成为它们的好伙

伴。亚洲是不一样的文化，说着不同的语言。我们两者间肯定会有很多文化冲击和惊喜。但是当我看到拉美地区的管理学院时，我几乎可以毫无例外地说，我们仍然更希望与美国和欧洲发展密切联系，而不是与亚洲。所以说这也是一个挑战。

第二，还需要为当地学生和管理人员提供必要的技能和知识，让他们有能力在全球范围内工作并在全球化环境下取得成功。

我觉得国际化非常重要，尤其是对我们来说。我们的一个主要的动力就是变得国际化，以培养能适应不同地区不同工作环境的学生。所以，我们有一个用英语授课的项目。我们还有一个全球 MBA 项目，也是50%用英语授课。

第三，吸引国际教师到拉美地区极为困难，吸引国际学生到该地区留学也同样艰难：

如果把拉丁美洲与欧洲进行比较，能看到我们面临着许多挑战，因为我们不像欧洲那样具有多元文化。例如，引入国际学生对我们的学校来说是一个巨大的挑战，因为对留学生而言，远行并不容易，在一些拉丁美洲国家存在一些文化障碍。因此，吸引国际学生是一项挑战，而另一个原因是我们没有太多的全日制课程。所以，如果留学来到我们国家就必须边工作边读书。此外，他们在我们国家可能感觉不安全，也许会面临许多困难。在我看来，媒体在过分强调这些问题。因此，说服学生的父母、吸引学生去大多数拉丁美洲国家是很困难的，例如墨西哥、哥伦比亚和中美洲的一些国家。

比如，受访者还提到了提供英语课程的重要性，目的在于促进拉丁美洲商学院国际化。这也是一个关键因素：

我们的课程必须是国际化的。墨西哥的一些学校已决定全程英语授课。这是我们实现的目标。如果我们想要有国际课程，我们必须帮助那些对我们课程感兴趣的人来找我们。

第四，少数受访者谈到了与拉丁美洲其他国家合作，提供区域内项目的机会。借此强调区域内贸易与合作的优势：

我们在哥伦比亚有500名学生，每个月都有来自厄瓜多尔的220名学生飞往我们国家学习。

我们曾经尝试把学校开到厄瓜多尔去，但没有实现。因为如果想要在那里以国际学校的名义站住脚，必须要先和当地的一个大学达成协议。

另外，一些受访者再次评论了发展区域合作可能带来的价值，即使这本身就是一项挑战。毕竟，拉丁美洲是一个巨大的大陆，区域内和国际贸易都在增长：

我们需要彼此了解。令人惊讶的是，与美国或欧洲甚至亚洲的学校建立伙伴关系十分容易，但与本地区内的学校合作却非常困难。我们的学生渴望作为交换生去美国或欧洲的顶尖大学或学校。他们将在那里见到来自秘鲁、智利、墨西哥、巴西的其他学生，这样，留学生们可以在学校拓展自己的人际网络。但在该地区内发展这些关系非常困难。在拉美地区，学校和学校之间、国家和国家之间通通缺乏了解。所以我们需要学会合作，拉美是一个巨大的区域，我们可以向各自学习很多东西，我们必须在竞争中合作，在合作中竞争。这是从20世纪90年代就开始提倡的。

相关教育的提供

一些受访者告诉我们，开设和教授与创新相关的内容也很重要，授课内容要考虑到企业目前面临的不断变化的环境。为了在管理教育的课程和研究中建立和维持与现实的密切相关性，商学院必须参与并制定创新战略。受访者提到教师和学校需要与政府和企业更密切地合作，以了解教学和应用研究方面的市场需求：

> 我认为一个持续的挑战是帮助公司适应这些新的环境和它们面临的新挑战，以及企业给学校带来的新挑战。管理方面的概念正在快速变化。公司的作用、政府的作用也正在发生变化。社会目前新兴起的风向影响力很大。我们要适应新潮流，为学生发展出新的内容，给学生提供新的内容。

> 相关性。排名和认证推动着我们进行大量研究。但我不认为这是发表多少文章的问题。真正的问题是研究的相关性如何。我认为我们的职业是帮助商界充分利用学到的知识，投入到当地市场的实践中去。然后，我们在维持相关性和严谨性之间进退两难，但持续的挑战是不要失去相关性。

> 弥合相关性和严谨性之间的差距才能实现管理教育的实践。而后者是与高度发展的概念理论部分相关的。为此，你需要能够兼顾知识与实践的教授，他们能够以有意义的方式将理论应用于新的情境，而不是一直在教授重复的知识。简单地重复一些教学内容或是单纯教授教科书，在过去也许是有用的，但对未来而言是不够的。我认为这是世界上所有商学院面临的挑战，但它在朝我们步步逼近。

其他受访者关注到如何通过课程设计和研究一系列重要技能实现进一步的发展。他们认为“软”技能、领导力、创业精神和全球思维是最关键的：

> 另一个挑战是如何将软技能注入管理教育中。

> 要提高创新能力和竞争力。这一趋势不仅是为了创建一个孵化器，而且也是我们如何在我们的本科课程中促进创新，我们如

何从起点开始推动创新文化。因此，我们有“车库”项目为本科生提供创新动力，提供创业经验，将本科生与私营公司联系起来。

我们要对课程做些改变，让课程更有弹性，更具针对性，更注重创新能力和沟通技巧，更能激发全球思维和战略思考过程。至少对我们学校来说，课程还必须包括教授行为道德的部分。

其他人提出了另一个问题：将地方文化、社会、政治和经济方面纳入其管理课程，而不是仅仅依靠欧洲或美国的管理学校的模式：

第二个主要的挑战是要让知识适应当地需求。拉丁美洲有一些与世界其他地区不同的问题，有些是关乎道德和治理有关的问题，而它们又与文化密切相关，和我们这个民族的血脉相关。

首先，我会想到高管教育，不仅是大公司的高管教育，还有小公司及非正规公司的高管教育。我们需要更多不同类型的高管教育，少关注书面内容，更多地关注实际工作和人们的真实情况。培训要在实践的群体中进行，而非个人。我认为我们需要更多地反思我们国家管理的实际情况，反思的不仅是管理不同情况的技术，而且是如何管理金字塔的基础、如何对待政府政策与企业之间的关系。所有这些事情都亟须商讨。

我们的课程与美国或英国的课程太相似了。我们没有专门适用于拉丁美洲的课程。专门适用于拉美的课程发展进程非常缓慢。如果我们想要了解拉美各国的国情，我们需要教授不同的课程，以及讲解不同的案例，提供来自各国的案例。但光有案例还不够。我们需要新的理论，为了这些理论能在各国站住脚，我们还需要实证支持。

新型学习模式与教学方法

超过一半的受访者认为在科目安排和课程设计中采用新的教学模式和学习方法至关重要，尤其是技术产品的应用。比如混合型教学方法及在线学习方法，以及基于某一项目的教学方法，而非面对面的传统授课模式：

> 如何利用技术作为盟友为学生提供他们所需要的教育类型。我并不是指在线教育，我的意思是，即使是在面对面的教室里，也要使用技术。另一个挑战就是引入在线教育。

> 概念是相同的……但是学生的学习方式会有大的变化。我们必须加快步伐，调整我们的教学方法、设计课堂的方式及设计评估系统的方式。这是我们当前挑战的一部分。

> 我们面临的另一个挑战是教育方法的变化。我们的商业教育仍然基于面对面的演讲和讨论。新的学习方法强调参与者的经验，而不是教授传达的内容。我们需要进行大幅度的改变，教师也要做好准备，学习如何使用案例模拟的教学方法，学习如何进行在线案例讨论，还要为在线和面对面交流的混合课程做好准备。

> 可以开设一种模块课，让学生一起学习 4~5 天。教授开设一门为期一周的课程，而不是要上整整一学期的那种常规课程，这对教师的互动方式来说是一个挑战。

来自国际顶尖大学的在线课程和其他以技术为基础的教学项目是新的竞争来源。在这种环境下，如何提升拉丁美洲商学院提供的教育价值也是一项挑战。例如，Coursera 和 edX 等平台提供与美国领先学校相关的慕课。但是，一些拉丁美洲学校也在这方面进行了投资：

来自顶尖大学的高质量在线教育迫使我们必须了解到，如果学生能够在在线课程中与斯坦福大学教授或麻省理工学院教授一起学习，那我们拉美学校的作用究竟是什么。因此，我们应该在这样的教育中找到自己的位置，即我们还可以在这种类型的授课中添加什么样的价值，然而我们在这些问题上没有下太多功夫。

一个挑战是，通过新的平台和工具，人们可以在离教师很远的地方进行各种各样的学习，并且，在某种程度上，我希望每个人都可以从管理教育的顶级学校那里进行某些形式的在线学习。这需要我们对学术课程和运作方式进行一些调整才能保持竞争力，并补充和阐明学生自然会开始在网上做的事情。

有时这将是通过我们自己的产品和服务，但很多时候是通过管理教育中最大的几个世界品牌，这些学校当然在竞争中具有优势。这突出了个人和当地元素的重要性。我们必须越来越多地关注体验和实践，而且，对于如何使用技术，我们必须具有创新能力。我们不是要重新发明轮子，而是充分利用可用于管理教育学习的不同产品和工具。

未来还可能出现哪些问题？

受访者被问及他们认为在该地区管理教育中将持续存在的关键问题。他们在答复中提到了一系列问题。其中一些与拉丁美洲的整体背景有关，另一些则与高素质教师的短缺问题有关。还包括研究的相关性，上述提到的技术教育升级、全球化对课程的影响，以及全球化进程对前面讨论过的学生中的“全球思维模式”的影响。

宽泛的背景问题

我们的受访者提出的一些问题与拉丁美洲国家不同的国情有关，例如人口、社会、政治、监管和经济环境。

受访者还特别强调了政治和经济的维稳问题及腐败问题。因为腐败有时是很多拉美国家共有的问题：

> 不同的国家/地区，人口增长率不同。像秘鲁或巴拉圭这样的国家仍处于人口转变期，有很多年轻人。而乌拉圭、阿根廷和智利等国家人口正在老龄化。当我想到管理培训，我觉得我们可能需要针对年纪较长的人的培训计划，或者说，我们在未来几年内，一定会要求有这样的计划。而在年轻人口众多的国家里，那些年轻人拥有大量商品化的 MBA 或专业硕士学位。

> 另一个即将到来的挑战是拉丁美洲的经济发展问题。人们有的左派、有的右派、有的中间派：我们的政治问题很糟糕。所以，不幸的是，我看到拉美地区又开始存在很多不稳定因素了。我们有过 15 年的和平，但现在我看到很多不稳定，我们没有像我们预期的那样快速发展……

> 有一些与商业和社会有关的领域，以及商业领袖的作用，在这些方面，我们的投资明显不足。如果我们希望未来能够建立具有竞争力的社会、有竞争力的国家和有竞争力的公司，我们需要解决贫困、不平等、毒品、腐败及政府的低质量机构等巨大问题。一般而言，商学院都在努力教授综合管理，这是如何成为优秀领导者和优秀管理者的标准主题。但在公司之外，在社会上，要面对的问题是完全不同的……

这些明确的回应都标志着商学院的核心挑战将一直是解决拉美国家相互关联的道德和腐败问题。商学院就像一个导管，通过这个导管，可以延伸出很多道德问题。从而管理可能变得更加规范，人们会开始抵制政府和企业中的普遍腐败问题：

> 历史上看，经济集团之间一直存在着些许勾结。作为一所学校，我们的责任是向学生解释，这样的勾结是不允许的；我们要

向学生解释该国应有的法律法规，一是为了避免这种行为的发生，二是为了继续支持自由经济体系。有些主题，比如道德、社会责任和公司声誉等，是必须包含在我们的课程中的，仅仅在一门课程中还不够，它们在所有课程中都应该是必修的。

我想说的是如何使课程与现实更有相关性，并让课程在行业中产生真正的影响。我们如何在行业领导者解决问题的时候起到很重要的作用，帮助他们解决遇到的不同问题。例如，道德问题和公司治理。如何解决这些问题是可以在课堂上学会的。但其他问题就未必了，比如商业道德、商业可持续性、如何以道德的方式约束利益相关者、如何在进行商业活动的同时关注环境。所有这些不仅是拉丁美洲商学院的挑战，也是全世界商学院的挑战。但在我看来，我们目前是没有办法解决这些挑战的。

缺乏研究人员

我们的受访者还指出，缺乏博士学位的教师也将继续作为一个主要问题挑战着拉美的商学院。同时，在拉美地区内，还缺乏一些必要机制和资源，以至于学校没有办法发展这样的教师。要解决这个问题，可能需要对当地博士课程和相关的应用研究活动进行额外的金融投资：

我认为另一个非常重要的问题与博士生教师有关。这不是一个小问题，因为我们需要提供高标准的课程，所以我们需要这样的教师进行研究、教授课程。

另一件可能很重要的事就是博士项目。当我还是院长的时候，我就一直在推动博士项目的发展。有人说博士项目是不可能搞成的。但我说，我们发展博士项目，是为拉丁美洲的学校服务，不是为我们自己服务。因为我们并不希望自己培养的博士生在这里工作。我们希望其他学校的博士生，比我们学校更优秀的博士生，到我们这里来工作。太“亲近”的人反而不好。我看到很多学校开设的博士项目非常糟糕，他们只是为了满足排名的要求，选择的教师质量很差。拉丁美洲的前五或前十的学校可以追求排名，但其他学校就没必要了。

问题不仅在于教师的发展，还在于研究本身的发展。我们需要教导学生关于我们自己地区的现实问题……

还有一位受访者重申了寻找新的资金来源以改善研究和技术发展的重要性：

另一个问题是如何为商学院提供资金。我们学校各种运作都是基于学费收入，但我们需要研究，需要技术投资，需要创新和进一步国际化。更重要的是，如何为这些需要提供资金。光靠学费是不够的。但在拉丁美洲，我们没有捐赠这一说。我们就从没有过那种做法。

在线教育的影响

一些受访者表示，他们担心在线教育对拉丁美洲商学院来说是一个越来越大的威胁。他们认为，在如此激烈的竞争下，学校目前的教育方法需要改进：

电子教育将是一场重大革命、一场重大的颠覆……一些学校在这方面的发展速度非常缓慢。

我们必须明白，当代和下一代都是信息技术时代。因此，我们必须更加灵活。我们地区有些学校，包括我们自己，仍有部分教职员工质疑在线教育的质量。是的，在线教育的过程和传统教育是不同的，但也许通过线上体验，学习成果也许是差不多，甚至更好的。因此，我们必须大力投资此类技术，跟上目前在线教育的发展。然而我们并没有朝这个方向努力。

在线教育及来自全球大型企业的竞争压力，这两大挑战即将到来。在某种程度上，这两个挑战在拉美地区是存在的，也许在今天还不算大问题，但它迟早会是的。

随着大型技术的趋势和变化，特别是在管理教育方面，人们最终自学成才，甚至会创建自己的知识。

我也会说混合式教育是一大挑战。我们现在正着手使用社交媒体等新方式、新平台来教授商业教育课程，因此我们现在有慕课和线上/线下证书。所以这也可能是一个挑战。

全球化的影响

虽然全球化已经对拉丁美洲的管理教育产生了重大影响，但近一半的受访者认为其影响可能会在不久的将来加剧；他们确定了这些影响可能集中的三个主要领域：全球竞争、国际标准的遵守，以及学校自身的国际化战略和行动。

由于拉丁美洲市场的人口特征，预计未来将会有更多的全球竞争，包括面对面的和在线进行的：

未来将会出现激烈的竞争，因为新兴经济体正在扩展其教育领域：非洲、中国、东南亚和拉美自己。我们将面临激烈的竞争，这些竞争不仅来自本地的领先学校……还有美国和欧洲的学校也将开始在拉美的市场中竞争。

我们将面临来自拉丁美洲以外学校的更多竞争，这些学校将来到拉美，开设各种项目，所以我们必须对此采取行动。

我很清楚，国外在拉美开设的学校将进一步发展其管理教育，继续服务拉美市场。远程教育技术将促进这一点。从长远来看，这对拉丁美洲学校来说将是一个重大挑战，因为国际学校将享有良好的声誉，认可度较高。通过远程教育提供学位，成本较低，可能比传统方法更具竞争力。所以这将是一个非常大的挑战。

全球化排名和声誉也将影响拉丁美洲商学院的发展。原因是，学校为了不断贴近国际要求，为了符合国际标准（AACSB、EQUIS 和 AMBA 的认证），给自己造成了持续的压力。也可能是因为媒体排名的压力增加。然而，另一个问题也因此浮现，即拉美到底是什么身份：

> 我们需要解决的一个问题是所谓的商学院标准化。我们各学校之间变得非常相似，这就是为了获得认证的结果。如果我们都变得一样，那么就会失去了各自独特的地方。因此，如何在为了获得认证而保持高标准和我们作为商学院的特色之间维持平衡，我认为这会是一大挑战。
>
> 教师质量问题将继续存在，并且在未来，如果我们要获得国际认证和认可，这样的问题会变得更加重要。

此外，学校必须在全球范围内运作，随着这样的压力越来越大，迫使这些学校继续对其计划进行调整和创新，以应对新的更具竞争性的环境，例如，改用英语教授某种课程：

> 我预计，拉美许多商学院将 100%用英语授课，以吸引外国学生，吸引会说外语的本地学生。这是合情合理的，特别是如果学校能吸引到外国教授就最好了。因为一名智利教授用英语教 50 名智利学生，这听起来还是不太合理。
>
> 但如果教授的班上有 20%的学生是世界各地来的交换生，再加上其他学校的留学生，而且教授是澳大利亚人，那就是另一番景象了。
>
> 我们需要让学生学会如何在任何国家就业。在和我们一起学习的期间，学生应该能够在世界其他地方旅行并获得一些经验，尽管在成本方面会有些高。所以这对我们的学生来说是一个重要

的挑战；如何通过一点点旅行使学生变得更国际化，但我说的旅行不是指那些顶尖学校的学生参加了在中国和美国的一些地方的项目，然后再来拉丁美洲旅行。

拉美管理教育中的优先问题是什么？

我们的受访者还被问及他们认为哪些问题应该优先考虑。他们的回答不仅包括刚才描述的那些紧迫的问题，还包括本章第一部分讨论的持续挑战。虽然关于应该优先考虑哪些问题的讨论中，拉丁美洲并没有一个主题主导这些讨论，但被受访者列为优先事项的主要主题在下面按重要性降序排列：

- 教师和研究的发展；
- 商学院质量的提升；
- 建立和发展商学院的商业相关性。

教师和研究的发展

在该地区，扩大教师队伍、发展研究显然是商学院的首要任务。特别是通过并行互补的研究项目开发管理学博士课程，提高研究成果，这些是目前迫切需要的：

我认为最重要的是先建立一个博士研究中心。我认为研究应该是重中之重。我们应该要有研究小组，要有研究中心，要有更多以研究为导向的大学。拉美的公立大学应该像其他国家的大学一样强调博士学位的发展，因为对于私立学校来说，开展博士项目是非常昂贵的。

首先，基础要打好。如果没有一个强大的全职教师队伍，你是不可能成为世界一流的。还需要研究成果；这也是必需的。学校需要与各企业和私营公司在相关方面合作，并采取具有影响力的方式。之后，学校还需要根据管理学博士学位开发先进人力资源培训。

商学院质量的提升

我们的受访者建议，对商学院质量的关注点包括国际认证、管理团队、教师、课程、创新、教学流程和是否有高素质的学生：

对我来说，获得认证是商学院最重要的战略重点之一。因为当学校获得认证后，就能与其他合作伙伴、顶尖大学或顶级商学院进行互动，这是一种传播知识的方法，真的很有用。此外，在大学或商学院开展这些实践就是为了……制定高标准的课程……

学校的优先事项是建立强大的学术社区，吸引客户，不管是公司，还是个人，或是国际社会。这是我们工作的核心。如果我们在这方面做得不错，我们就能适应新的趋势。但是，我们必须有强大的人员队伍，有标准的流程和较高的质量，有正确的世界观和广泛的联系，才能应对这些挑战。如果没有一个强大的学术团体，如果与国际社会没有联系，就会变得非常困难。

质量问题应该在清单的首位，保证质量是关键。商学院和管理学院说到底就是专业的服务业。因此，我们必须向一些专业的服务行业学习，比如麦肯锡公司，向它们学习如何处理职员问题，促进职员的发展。

关键因素是人。首先是正在办学的人、校长、院长，肯定要找最好的；其次是授课的人，我会找最好的教授，不仅是那些拥有常春藤盟校学位的教授，还有那些在拉美有实际经验的教授，有教授或学术经验，但也有真实的商场经验，可以在课堂上分享；最后是学生，我想要的是最优秀的学生，因为学校的成功就取决于毕业生的成功。

商学院的相关性

对于其他人来说，商学院和管理教育的重点通常是与现实相关、严谨，并在解决道德和社会问题方面发挥主导作用。还有一种新的观念认为，自由和广泛、基于人文的管理培训形式也许可以处理重要的文化、伦理和社会问题：

> 对我来说，这个问题或者说这个巨大的挑战是如何将知识应用于我们的社会，满足我们的需求。如果我们试图复制世界上其他学校，他们做什么我们就学什么，结局肯定是悲哀的。我认为拉丁文化的丰富性使我们能够从不同的角度创造性地提出一些非常有趣的东西，创造出一些不光是拉美地区，而是整个世界都可以从中学习的东西。

> 一个优先事项，一个更多关于教学内容和我们课堂上传授的，是我们在道德方面所谈论的内容。例如，在拉丁美洲，教育经理时的一个关键问题是我们如何使他们成为道德领导者并使他们了解可持续性，了解一些寻求短期营利能力以外的东西，比如说，我们还可以做些什么来使拉美成为一个在保护环境和解决社会问题方面都很强大的地区。

> 我认为学校要在提升个人能力方面提供更多的工具。这是企业部门的强烈需求。我们看到，课本上的内容已经在网络上可以看到，无处不在；而且公司有自己的经验，可以自己培养学生。但事实是，我认为，你需要一些定量技能，但你也需要加强个人技能和诚信。这是一个很大的挑战，因为想要实现并不容易。商学院的教授很少这样教育学生。所以我们必须引进其他类型的教授：心理学家、社会学家、哲学家。

> 道德和软技能是非常重要的，它们的重要性甚至超越了硬技能。人文、艺术、道德哲学、政治学，学校必须把这些融入课

程、融入研究。

什么是流行的管理教育模式?

拉丁美洲大学的发展历史悠久，影响范围广泛。其中大多数学校都有针对具体国家发展的教学方式，并且取决于强大的国内和国际大学的参与。然而，在管理教育方面出现了更加连贯的图景。也就是说，西方管理教育模式中存在“显性逻辑”，如“MBA”。即使是在比较欧化的国家，其高等教育机构中具有更“欧洲”的传统，受欧洲影响较大，但是上述国家的商学院及其课程却在很大程度上受到了美国的影响，巴西就是如此:

在巴西，我们的教育传统总体来自欧洲，但对于管理教育而言，内容是以美国为导向的。

实际上，在要求我们的受访者确定其特定国家和学校目前使用的管理教育模式最初出现的国家或地区时，作为衡量质量标尺的美国模式，它的主导地位是显而易见的。

如图 4-2 所示，50%的受访者表示他们所在国家和学校的现行管理教育模式来自美国，而其中 40%的人表示来自美国和欧洲。

很明显，尽管 MBA 模式已被改编为拉丁美洲的非全日制项目，但美国模式仍具有强大的影响力:

在某种程度上，我们一直在从世界各地复制商学院的教学模式。我想我们一直向欧洲和美国看齐，很多年了。有些国家更倾向于美国模式，有些国家更倾向于欧洲模式。我认为现在面临的最大挑战是如何调整这些外来模式及如何从中创造新知识。

现在情况有些混杂，因为我们拉美也正在努力开发自己的模式，但我们肯定会受到美国模式的影响。在拉美，我们一直将美国模式视为最重要的一种教学模式，但仍然会努力发展我们自己

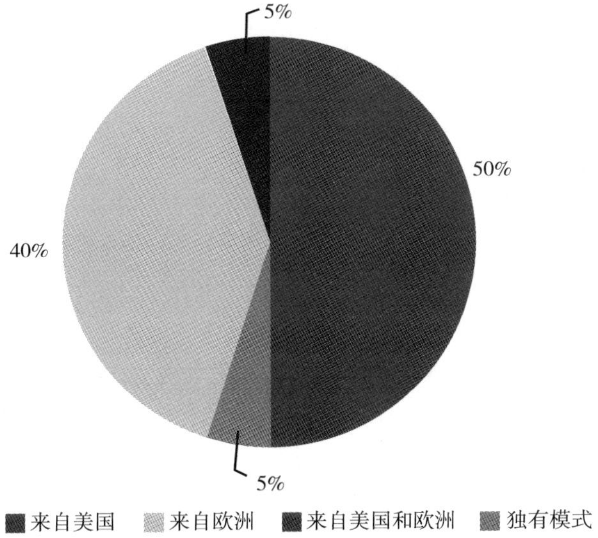

图 4-2　您所在国家和您学校的现行管理教育模式从何而来

作为一个独立地区的知识……这种情况应该改变了，但我们现在还是依靠美国模式。

美国的 MBA 是主要的灵感来源，但我们必须进行调整。巴西的全日制 MBA 课程很少，因此美国的 MBA 模式被调整成了非全日制形式。

美国模式一直是我们的参考，虽然我们不得不做出很多调整，因为我们的项目非常不同。在阿根廷，人们不会辞掉工作来接受管理教育方面的培训。他们通常利用闲时进行培训。而且这样做的通常是年纪较大的人，并且获得了雇主支持的比例很高。

一方面，许多受访者明确表示了他们参考了美国的哪些顶尖学校，一般都是美国领先的、声誉卓著的学校。比如哈佛商学院、斯坦福大学商学院、芝加哥大学、加州大学伯克利分校、哥伦比亚大学和沃顿商学院：

在我们学校很明显，我们已经采取了像芝加哥、沃顿和斯坦福这些学校的模式，并试图应用它们的理论。其他学校则向哈佛商学院或美国工程学院看齐。

在20世纪70年代后期，一群商界人士聚在一起说：我们需要吸引处于管理实践和公共政策辩论前沿的人们，而且实践和辩论要与商业机遇有关。我们需要他们帮助提高阿根廷在拉美的辩论和实践水平。这些商界人士说服了一群学者辞去了他们在美国一流大学的高级教师职位，来到布宜诺斯艾利斯，建立了一个研究中心。阿根廷突然间有了10位来自芝加哥、哥伦比亚、加州大学洛杉矶分校和伯克利的优秀博士，这些博士都是在电视上出现过，撰写了很多报道，为公司和政府建言献策的人。这一举措在拉美社区中掀起了一股重要的浪潮，很快，越来越多的专业人士来到了这里。这就是MBA和经济学硕士学位在拉美的起源。

但另一方面，与美国占主导地位相反的是，巴西和乌拉圭的商学院院长特别提到了欧洲模式对各级商业教育的影响。受访者主要以整个地区为参考，在某些情况下还提到了西班牙和英国等特定国家。然而，巴塞罗那IESE商学院是唯一被提到的欧洲商学院：

巴西的教育模式受到欧洲和法国的启发，所以这可以解释为什么巴西的MBA不是大学学位……然而，管理教育的内容和研究及重点是受美国的影响。我们大多数接受过国外培训的教员去的都是美国。

我觉得我们不能笼统地谈论巴西的问题。在我们学校，我们从欧洲定制课程的模式中学到了很多东西，比方说如何倾听和理解公司的需求，以及如何将教育转变成为公司和参与者提供实际解决方案。

我不认为我们国家参考了什么模型。作为主要教育提供者的公立大学基本上遵循了基于讲座和抽象知识的旧拿破仑法国模式。天主教大学是该国第二大私立大学，它复制了耶路撒冷学校的模式，而耶路撒冷学校又是受到西班牙人的启发。实际上，天主教大学把它们的教职员派遣到德乌斯托接受培训。蒙得维的亚大学本科阶段的风格与公立大学类似，但它教育研究生的商学院则是以案例为基础的教学模式，并试图重现巴塞罗那 IESE 商学院的教学网络。乌拉圭奥特大学是最大的私立大学，最初受到美国模式的启发。现在，它受欧洲的影响更大，而且它正在招聘在欧洲受过培训的博士，因为许多欧洲商学院已经变得非常全球化了。就美国体系而言，我们正在努力追随斯坦福。

令人深思的是，一些受访者认为，美国和欧洲模式对拉丁美洲商学院的强大影响与它们的许多领导和教师在那里接受过培训的事实密切相关。有趣的是，我们研究样本中近 85%的学校院长在拉丁美洲以外完成了研究生学习，其中 60%以上在美国接受过培训。

我们 40%的教师来自国外，拥有来自世界各地的博士学位。

他们让我们看到了美国和欧洲最好的大学的最佳实践。而我们从它们那里获得的是一种更加学术化的管理教学方法，更多地关注研究，同时更多地关注实践教育。

……我们的大多数教授都在美国接受过培训。现在我们更多地关注欧洲。其中一个原因是现在我们有更多的教授在欧洲学习，特别是在西班牙和英国。还因为我们有一些来自哥伦比亚和欧洲不同国家的来进行学术交流的教授。

有证据表明，一些独立的拉丁美洲模式正在生成。只有一所学校告诉我们，它已经开发了自己的模式，其特点是创新、持续改进和快速决策：

我们已经开发了自己的教学模式，在当地非常独特，因为我们的行为和表现都很像私人公司。我们会对所有东西进行衡量和评估。我们非常注重决策中的流程和自主权。当我们说我们要做什么事，我们就会像公司一样，快速完成，甚至比公司更快。我们可以在25天内推出一个完整的项目。在其他商学院，做项目需要得到不同机构的批准。在我们学校不存在这些问题。我们只要做决定，然后马上行动。我们遵循大学的原则，但我们行动速度非常快，我们做事不需要花上一整个学期。我们已经发掘出了自己的文化和方式，这些都是无法复制的。我们的教学模式中非常重要的一点是持续改进。我们每天用40%的时间做些常规的事，花60%的时间做一些与众不同的事。创新和持续改进是必须项。最重要的是要一直创造价值，不管是在项目中还是在任何学校事务中。

拉丁美洲的课程组合和管理课程是如何发展的？

作为研究访谈的一部分，受访者需要解释他们学校的课程组合和管理课程是如何演变的。他们给出的答案表明，就学校的课程组合如何发展而言并没有共同的路径或模式。虽然53%的学校表示它们是从提供本科课程开始发展的，但26%的学校一开始就开设了公开招生的高管教育课程，其余21%的学校提供某种类型的MBA课程。以下引用是其他的课程发展方式：

一开始，我们只提供了一个工商管理课程和MBA。现在我们在本科和研究生学习方面有更多的专业课程，如市场营销和金融。因此，我们已经看到了在专业领域的发展机会，同时也保留了MBA课程的传统教学方法。

我们的第一个项目是1978~1980年的高级管理课程，这个项目是由西班牙机构大力赞助的。行政工商管理硕士课程始于1981年，至1982年结束。然后我们继续为中层管理人员、为中小型公司和家族企业制定项目。我们为小型、大型和上市公司设立了非常广泛的项目，国内、海外的都有，因为所有这些公司都有需求。我们还开始使用英语教授全日制的国际 MBA。我们的上一个项目是个博士项目，在五年前。

一个明确的发展途径是显而易见的，学校的课程组合随着时间的推移越来越多样化，不仅体现在学位方面，而且表现在更灵活和更新颖的形式方面。最近，一些学校开始提供预先体验硕士学位的项目。现在接近 80% 的学位包括专业硕士课程和约 40%的博士项目，其中三个是更多以实践为导向的 DBA。此外，几乎一半的学校有在线或混合课程，主要是提供高管教育课程和一些 MBA 学位的课程，略超过 20%的学校专门提供研究生教育。有些学校还扩展了课程，并用英语呈现：

该计划组合在过去 12~15 年间发展迅速。除了传统的工商管理和会计课程外，我们还在本科阶段开发了商业工程和财务管理的新课程。在研究生阶段，我们开发了更专业的课程，如市场营销硕士、会计硕士，以及高级工商管理硕士和全日制 MBA。

我们有三大领域：学位课程、在线课程和高管教育课程。所有课程都有出国留学的机会，也都是双学位。在工商管理硕士课程中，我们拥有全球高端 MBA，以及我们称之为管理学 MBA 的课程，有四五个不同的课表。我们还有非全日制的国际 MBA、全日制 MBA 和跨三大洲 MBA，以及其他三所商学院。在学位课程中我们有博士项目，最近还有四个领域的国际企业硕士：战略与领导力、运营管理、营销、企业融资和财务风险。我们还有在线课程，包括 MBA 课程和高管教育课程。另一个领域主要是高管教育，有咨询、内部课程和开放式高管教育。我们有 100%英语教学的新课程，还有双语课程，或者 100%西语教学的课程。

我们正在努力培养没有经验的硕士学生。将来，我们将单独开发课程，或与其他学校共同开发其中一些课程。我们拥有专业硕士学位，是与工程学院合作的创新硕士项目；我们拥有与医学院合作的健康管理硕士学位，以及与心理学院合作的人力资源管理和组织行为硕士学位。我们确实拥有一个金融硕士学位，但近年来的大部分重点都放在了企业而不是提高学校能力上。

> 我们的公司内部项目占我们收入的近 25%~30%，因为拉美的经商环境中竞争压力越来越大，而有着较好发展势头的管理人员的涌入还不足以提升某些公司的竞争力。

如表 4-1 所示，我们考察了拉美地区受官方认可的学校的课程组合，得出的数据与上述百分比非常一致。然而，正如上一节所述，值得注意的是，就提供 MBA 课程而言，在所有经过了认可的学校中，仅有 1/3 设置了全日制课程。

表 4-1　拉丁美洲受官方认可学校的课程组合

	提供该课程的学校所占百分比（%）
大学本科课程	67
MBA 和 EMBA 课程	100
专业硕士课程	72
博士项目	42
高管教育公开招生项目	97
高管教育定制课程	81

资料来源：学校网站（2017）。

此外，该地区的一些商学院已经从国外引入了必修课程，作为 MBA 教学的一部分。这些必修课与国际学术机构合作，提供双学位或联合学位，并开始完全用英语教授课程：

硕士课程要求将国际课程作为课程的一部分。我们还在努力开展双学位课程。其中一个课程学完后，学生会自动拥有双学位。至于其他课程，学生可以自主选择在研究生或本科阶段出国学习 1~2 年，并获得双学位。

我们有两个高级 MBA 课程。其中一个是与银行合作的项目，即 OneMBA。我们是运行该项目的五所学校之一。所有课程均以英语授课，学生有在不同国家学习的经历，并与来自世界各地的学生一起工作学习。

课程演变

受访者认为，拉丁美洲商学院中管理课程的主要变化是更加强调软技能、道德观念和可持续性。而且，如前所述，一些学校强调企业家精神并更加关注特定行业，例如医疗保健：

> 我们很大一部分课程都是从经济学和统计学、数学、运营管理等开始的。我认为课程演变是为了减少经济学课程和一些定量的课程，而引入更多关于领导能力和人力资源的课程。

> 当我读大学时，我们的课程大部分是教授硬技能，仅有极少部分是软技能。我们乐意挑战，教授那些关于数学和经济学的课程，虽然很难教，而且课程相对固定——就是那些你必须上的课。如今课程更加平衡了。我们在软技能培训方面做得更多，管理层内的所有学科我们都有，还有1/3的课程是选修。我们的整个MBA课程通常是14门课程。其中包括三门与软技能相关的必修课程和一些选修课程，因此大家可以只上一半的MBA课程，更多地专注于软技能。

> 课程已经发展，我们在课程中融入了越来越多的软技能。我们将可持续发展和道德规范及文科科目纳入课程。在20世纪80年代和90年代，学校有了很大的发展，我们在财务、战略和营销内容上投入了大量资金。现在我们正在努力将软技能、硬技能和道德技能相结合，并带入课堂。

拉美管理教育模式是否现实？

本章到目前为止所描述的一些挑战表明，拉丁美洲的管理教育面临着许多压力。受访者的回应表明，该地区各机构之间合作的兴趣越来越大。但与此同时，学生和教师的市场高度国际化，这是因为商学院需要取得

EQUIS、ASCSB 和 AMBA 的认证，这令人垂涎的“三冠王”要求商学院必须国际化。此外，我们已经看到，美国模式是拉丁美洲管理教育的基础，在其发展中占主导地位。因此，问题产生了：一个独特的拉丁美洲管理教育模式是否是一个现实的主张。

因此，受访者被问到“拉丁美洲模式”的管理教育是否有实现的可能时，收到的答复可分为三组：“是”“否”和“否，但……”。第二组占的比例最大。图 4-3 总结了这些答案的具体数据。

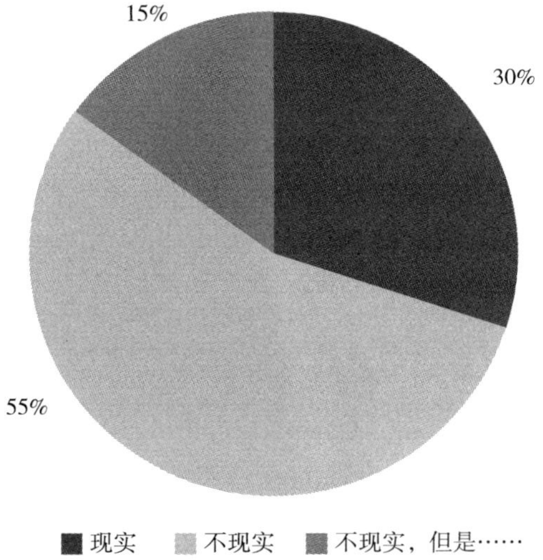

图 4-3　从拉丁美洲的角度思考“拉美管理教育模式”是否现实

只有 30%的受访者认为拉丁美洲管理教育模式是切合实际的，因为他们认为该地区的商学院是具有共同特征的，都处在类似的背景下，面临同样的挑战。

是的。去拉丁美洲顶尖大学的顶级商学院看看就会发现，尽管各国情况不尽相同，但商学院却越来越相似。

尽管市场存在一些差异，但市场都喜欢年轻人或接受过高管教育的人，其模式或多或少相似。在教遍所有拉美学校之后，再去教高级管理课程，不管在哪个国家，都能发现每个学校都有一样的问题、有一样的学生，谈论的也是相同的事情。

拉丁美洲有一些共同点。我们大多都是新兴市场，我们有共同语言，我们离美国非常近。所以我认为我们可以定义一些管理教育的特征，这些特点就是我们共同的模式。

管理教育模式的要素是：首先，我们是一些新兴经济体，我们有很大的潜力提高各国的生产力，但也面临着巨大挑战。鉴于此，我们需要能够管理高效、有竞争力的公司的领导者和管理者。其次，我们还需要企业家，不一定要开新公司，而是做任何事情都要具有创业精神。这是我们应该要有的模式，因为创新和创业是携手并进的，我们需要创新者。最后，拥有国际视野必须成为拉丁美洲模式的一部分，这样才能让我们的学生更国际化，同时也吸引留学生，这是我们在拉丁美洲做得还不好的地方。将上述集合起来就能创造拉美模式。

大多数拉丁美洲商学院都需要共同的思路。这个共同的思路就是成为像发达国家那样的扎实的商学院。因此，需要强大的教师队伍、丰富的研究成果和高级课程。在目前的发展阶段，这些对于拉丁美洲的大多数商学院来说至关重要。除此之外，我不认为拉美商学院都需要一模一样的计划或模式，因为在我看来，商学院必须满足国家的需求，而各国在经济增长方面的需求是非常多样化的。各国需求非常不同，商学院必须认识到这一点。

然而，大多数受访者认为，创造出拉丁美洲独有的管理教育模式是不现实的。至于原因，人们有各种各样的争论。有些人暗示这是管理本身的性质所致，以及美国管理教育理论的广泛使用；还有人则提到在全球化背景下需要全球适用的管理教育模式。不管在任何情况下，人们认为拉丁美洲独有的管理教育模式都没有需要的理由：

我认为拉丁美洲的管理模式并不存在。因为管理课程是普遍都有的，所以我们必须从各地学习不同的课程教育方法。对于我们将在拉丁美洲拥有与欧洲或美国不同的管理教育方式这件事，我持悲观态度。

没有！但我认为倒是有适用全球的管理教育模式。我们给墨西哥人教课，并不是因为他们是墨西哥人。任何课堂上的墨西哥人都出过国，接触过世界各地的许多教育或有过其他体验。我认为管理教育模式应该国际化，就像商学院一样。拉丁美洲的每一所商学院都应该是世界一流的商学院。

没有。问题在于，在许多方面，我们已经将教科书和授课内容商品化了，这样我们才能在没有资本市场的国家用美国教科书教授金融课程。我认为拉丁美洲模式并不存在，但我认为不同的地区有不同的背景和不同的管理教育的特性，例如巴西。

我认为我们并不是在朝着真正的全球经济前进，因此我们需要一个全球适用的管理教育模式。我们需要与亚洲、欧洲、东欧、非洲、美国进行良好互动，拉丁美洲国家之间也需如此。所以我们需要尽快开发一个真正的全球模型。虽然这并不一定意味着拉美能借此攀升其在国际上的地位。

还有人认为，就拿巴西来说，在监管方面，国家文化甚至语言的差异致使拉丁美洲失去了发展出自己的管理教育模式的可能性：

我不认为以后会有拉美模式，因为国家历史是如此不同。比如在阿根廷，提供免费全民教育的公立大学与收费的私立大学并存。而在智利，多年来免费的教育现在被私人投资者作为有利可图的业务。但是，还有其他国家，如巴西，教育体系是非常严格的，政府控制一切。每个国家都有自己的历史，有的偏向社会主义，有的更资本主义，都有非常不同的背景。

我很难想象出一个拉美式的管理教育模式。这是因为在拉美地区，每个国家对社会问题的思考方式截然不同。这是一个原因。另一个原因是不同国家的监管是非常不同的。有些地方的法规不允许私营公司的存在；不允许公司之间竞争；许多行业受到保护，无法在全球范围内竞争。在这些国家，商学院的作用是培养优秀的工人，培养知识丰富的人，让他们在当地工作。而在我们学校，我们培养的是能在全球工作的人才。

尽管如此，少数受访者表示，尽管设想拉丁美洲的管理教育模式是不现实的，但他们也认识到了拥有一些地方背景因素的价值和潜在好处：

从巴西的角度来看，语言障碍很小，但在立法、法规等方面存在差异。但是如果有机会创造一个拉美模式，我们就应该创造一个。国际认证机构和标准等非常强调国际化，我们进一步国际化最简单的方式就是在拉丁美洲发展更多的合作。

这是一种更简单的方法。另一个理由是成本水平。平均而言，当我们尝试与较高水平的学校建立传统的合资企业时，成本因素总是拦路虎，因为各自的购买力不同。

我认为有一个适用全球的管理教育模型，这就是全球认证机构存在的原因，也是我们要参与全球化的原因。但是，也有一些与我们的市场和地区特殊情况有关的地方因素。

管理教育可以从拉丁美洲学到什么？

如第一章所述，拉丁美洲国家不仅具有共同的历史和文化背景，而且还面临着相似的治理和经济条件。因此，当我们的受访者被问及管理教育可以向拉丁美洲学习什么时迸发了热烈讨论。

大多数答案都集中在背景问题上。一个重要的主题是当前的经济和治理环境，受访者认为目前的环境会阻碍企业在该地区蓬勃发展。因此，由于政治不稳定和高通胀压力，要想在波动中蓬勃发展，在不确定和不明晰的环境中繁荣，就需要例如灵活性和敏捷性等重要技能：

> 在真实的社会环境下，小型企业如何能够在变化多端、不可预测的环境中生存下来，还有很长的路要走。

> 背景差异很大。我们生活在不确定、不稳定的环境中，我们的生活在经济方面产生了巨大的变化。委内瑞拉、厄瓜多尔、玻利维亚石油价格下跌时发生的情况就能说明。还有阿根廷，它是不需要支付国际债务的。以及智利，正在尝试不同的经济体系。我们生活在不稳定和不确定中，这就是区别。所以我们要教会学生灵活处事。

> 我要说的是，许多国家都可以向拉丁美洲学习，例如，学习拉美的公司是如何应对大规模的通货膨胀的。因为其他国家并没有持续的通货膨胀问题。要学习如何在巨大的通货膨胀压力下保持竞争力，北美的人必须到拉美来才能学到。

第二个主题基本上涉及治理问题，例如，如何用合乎道德的方式处理商业环境相关的问题，这个环境是在一个高度腐败的政府统治下的：

> 我们已经研究过了腐败的后果，但这样的研究总的来说是不够的。各国经济增长缓慢，就是因为国家腐败程度太高。因此，腐败真的会对经济产生影响。这是一个值得研究的问题。

> 我们地区经济方面的毒瘤就是腐败，以及公司和政治家之间的不良关系。这样研究起来也是很有意思的。

另一个背景问题也非常重要，是经济和政治方面的问题，是关于包容性增长的，即如何减少和应对贫困问题，以及收入不公的问题，特别是在“金字塔的底部”的收入不平衡问题。

贫困、不平等、包容性是拉美非常重要的议题。上述问题在我们的商学院里是热点，我们在相关领域做了很多研究。我们试着撰写实地案例，想得到一些不仅对我们学校，甚至对整个世界都有用的信息。

有一件事是全世界国家可以向拉美国家学习的，那就是尽管拉美国家存在不平等及其他很多问题，但我们的许多企业仍然在蓬勃发展。世界可以向拉丁美洲学习这样的发展是如何做到的。

有时候世界认为拉美只是一个同质的群体，而事实并非如此。拉美是如此多元化，而且我们已经成功创造了一个较好的商业环境，在过去 10 年中，拉美作为一个全球经济参与者，对世界的作用非常大。按 GDP 计算，拉美有处于世界顶层的经济体，有墨西哥、巴西、阿根廷等经济大国。因此，我们在全球舞台上的角色非常重要，而且我们已经成功地实现了减贫。

拉美存在收入分配严重扭曲的问题。巴西的收入分配不公问题非常严重，但所有拉美国家都有这样的问题。在拉丁美洲，我们往往忽略了一些相似之处，那就是高收入群体和低收入群体之间存在很大差距，这反映了市场划分、产品发展等问题。对此，我们已经做了很多工作，为处于金字塔下端的民众开发产品、提供服务。我说的不是金字塔底端的特困群众。低收入中产阶级在拉美国家数量庞大，对他们来说，还是存在重要的研究机会及开发管理的机会。

如表 4-2 所示，由于家族企业在拉丁美洲的核心作用，因此毫无疑问超过一半的受访者提到，如何开展此类业务进行授课，可以作为该地区学校对管理教育做出的进一步贡献：

表 4-2　拉丁美洲家族企业对经济的影响

国家	私营部门家族企业的百分比（%）	家族企业对 GDP 的贡献百分比（%）
阿根廷	71	68~70
巴西	90	50
智利	90	60
哥伦比亚	70	65
哥斯达黎加	90	70
厄瓜多尔	90	93
萨尔瓦多	90	65
洪都拉斯	90	—
墨西哥	82~90	79
巴拉圭	80	—
秘鲁	90	74.7
乌拉圭	80	70
委内瑞拉	91.5	73

资料来源：家族企业研究所（2014）。

拉美拥有许多家族企业和中型企业，这是拉美国家的特点，其管理结构与家庭等其他小型关系网密切相关。这开创了一种建立业务、发展业务的方式。虽然世界各地都有家族企业和中型企业，但我认为它们在拉美的数量格外多，而且在拉美发展得也格外好。

在大多数拉美国家中，家族企业起到了非常重要的作用。我们有一个基于家族企业的商业模型。这是我们深入学习到的东西，它与欧洲和北美的商业模式不同，但和亚洲有些相似。

例如，亚洲可以从我们对家族企业的研究中学到很多东西。我们有一个家庭企业研究中心，我们知道如何将知识和公司治理实践成功地一代一代传授下去。这对拉美来说非常重要。

当然，这些多元化和以家庭为导向的拉丁美洲民族文化是和其殖民历史密切相关的，所以才形成了独特的管理方式、领导风格及知识形式。事实上，对于那些有兴趣在该地区成功开展业务的人来说，了解这些问题至关重要。

> 领导风格不同。我们有自己的特点，我们更加注重情绪和情感，这一点非常重要。

> 在家族企业方面，我认为家庭是拉丁美洲社会关系的中心，因此拉美地区家族企业与其他国家的略有不同。

> 商界应该像社区一样。在我们的国家，社区意识确实是一种主流的思维方式。我们生活中有很多形态的社区，我们一直互相帮助，就像一个社区里的居民那样。很多时候，我做的某件事并不仅仅是为了我自己，而是为了整个社区。这是世界各地的管理教育可以向拉丁美洲学习的地方：拉美文化崇尚集体力量，其他文化则偏向个人主义。

然而，对于少数受访者来说，管理教育能从拉丁美洲学到的东西并不多，这主要是由于该地区对于特定知识的缺乏及西方理论在拉丁美洲商学院占主导地位所致：

> 管理教育可以从拉丁美洲学到很多，但不能从管理专业学校身上学到什么，因为拉美的管理学院就是模仿的美国商学院。

> 我 30 年前所学的东西和现在我们教的东西，都是美国和欧洲的管理理论。我真的不觉得我们会有拉美风格的管理教育。我们和欧美商学院使用相同的教科书、聘用同样的教授，这些教授都曾接受过美国和欧洲顶级博士项目的培训。

显然，在上述两段话中，受访者认为管理教育与特定的拉丁美洲风格脱节，原因就是商学院的主导模式主要是从美国或欧洲引进的。

应当开发拉美独有的管理教育课程吗？

上节谈到了受访者关于“是否需要拉丁美洲特有的管理教育方法”的想法。我们还询问了受访者，拉美的学校是否应该建立围绕拉丁美洲特定问题的管理教育课程。

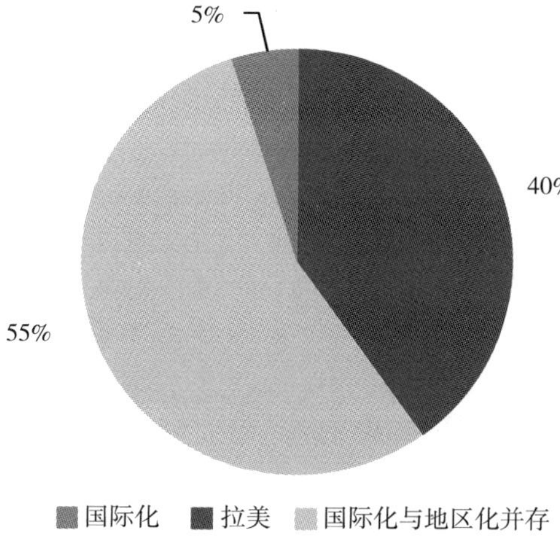

图 4-4　拉丁美洲商学院应该围绕拉丁美洲特定问题建立管理教育课程吗？

针对上述问题的回复可以分为三大类，分别是课程应围绕“拉丁美洲”“国际化与本地元素并存”和“国际化”。图 4-4 是每个类别的百分比。

那些认为拉丁美洲的学校应该围绕拉丁美洲特定问题建立管理教育课程的人提出了一些想法。其中一个观点与地区相关性有关：

是的。虽然课程必须涵盖管理教育的所有方面，但目前尚未开发出这些趋势。例如，大数据或商业分析并不是从拉丁美洲发展起来的事物或趋势，但在课程中，这些是必须要讲到的问题，因为这就是全球经济的运作方式。但是，如果想成为一个紧扣地区情势的商学院并对该地区产生一定影响，就要把课程的重点放在对拉美很重要的问题上，不同的国家有不同的问题。

当然应该，非常应该。我们不仅要参与全球事务，还要参与地区事务。因此，我们必须适应当前环境，课程中必须要有能适应拉美特殊性问题的内容。

此外，一位受访者甚至指出了拉丁美洲商学院管理教育课程应涵盖的一些具体主题：

对，我们正在朝这个方向努力，但有很多学校并不在意这一点。例如，就公司治理而言，我们不仅有相关课程，还有一个与不同公司合作的中心，中心有论坛，可以与公司的董事会成员讨论不同的制度和问题。此外，我们还在为公司治理创建行为手册。在家庭企业项目中，我们还要建立一个专门在该领域进行研究的中心。我们已为多家拉丁美洲公司组织了论坛，讨论如何履行它们的责任及技术是如何帮助它们改善海外业务的。

对于一些受访者，围绕拉丁美洲的具体问题设立管理教育课程可能是该地区学校的竞争优势：

如果说拉美有什么优势，那一定是它对自身问题有着详细的理解。因此，我认为拉丁美洲优秀商学院的强大实力必须体现在对拉美问题的理解上。我觉得这对各个国家都有意义。一所好的学校之所以优秀，不仅因为学生可以获得全球的知识，而且因为可以在与其国家相对应的某些领域具备特定知识。一所好学校非常了解它们的国家或社会，这是理所当然的，也是必须做到的。即使学校变得非常国际化，也不能忽视当地的情况。

这可能会给拉美学校带来竞争优势。我们立足于拉丁美洲，立足于该地区的特定问题，世界可以向那些真正理解和了解它的人学习。

是，我的确是这么认为的。我们需要讨论具体的拉丁美洲问题，但当然不仅仅限于拉美问题。如果我们想要与众不同，我说的是不同于斯坦福大学或麻省理工学院，我们可以发展一些对地区有足够了解的优秀项目，然后尝试与其他全球性机构合作，这些机构将为我们提供全球视野并与我们互补，让我们在这里也能做其他学校可以做的事情。我想在未来会看到更多商学院合作。

拉丁美洲商学院应该拥有一个具有全球视野及涉及相关区域问题的管理教育课程，这一观点得到了我们大多数受访者的认可。超过一半的受访者认为这是正确的做法，他们的理由与那些没有为拉丁美洲设想不同管理教育模式的人提供的理由类似。

许多受访者都提到了经济全球化及其结果，也就是越来越多的跨国公司、越来越多在国外市场经营的区域性公司，这些就是管理课程采用“全球地方化”方法的主要理由：

我认为全球化是必需的，但不是唯一的。我不想只是盯着后院，我还想看看外面；公司越来越全球化。我们必须看看拉丁美洲的问题。例如，啤酒公司（我认为此处是原作者的笔误，beer应当改成peer）如何在这里开展业务？与美国相比，我们的经营方式有很大不同。但我们仍然需要向外看。我的一半案例都来自拉美地区，另一半来自全世界。

我认为，如果我们的公司要在全球范围内竞争，那么管理教育课程必须是全球性的，必须要能应对所有的全球挑战。话虽如此，课程也应该涵盖拉丁美洲的一些细节，因为某些方面，特别是在营销和人力资源方面，拉美和世界有很大不同。

我们的理念是，要能够着眼国家和地区，也要放眼世界，并且将这三个视角作为管理教育经验的一部分进行整合，以便于比较，看到差异。

我们要为学生提供可以在世界各地接受到的培训，因此，如果有机会到国外工作，学生可以转移技能并充分利用受到的教育，无论最终在哪里工作。但是，当然，作为MBA经验的一部分，学生会学习在阿根廷和拉丁美洲开展业务，这一点非常重要。

一些受访者强调管理作为一种普遍结构的特征，同时承认包含地方特色的重要性。

当然，不仅仅是学习拉美地区的问题。这些必须成为课程的一部分，但并非所有的课程都应该围绕拉美问题，因为管理是如此普遍，不可能只专注于拉丁美洲。

我认为我们需要提供相关的理论。如果他们来自亚洲、美国、欧洲甚至拉丁美洲，我们都欢迎。我们必须为学生提供一些工具，但更重要的是，特别是在本科阶段，我们要向学生提供标准、经验、批判性思维，学生必须意识到，他们不住在俄亥俄州，而是在一个充满不确定性的拉丁美洲。学生要灵活，必须面对挑战。但金融仍然是金融，营销仍然是营销。

认为该地区商学院不应围绕拉丁美洲特定问题建立管理教育课程的主要原因完全与全球化进程有关。它在以下引用中清楚地表达出来：

我的答案是不。但这并不意味着我们不必在课程中考虑许多拉丁美洲问题。答案之所以是否定的，是因为随着全球化和数字化，拉美人在墨西哥和巴塞罗那做生意，在中国和印度做生意。只关注拉丁美洲没有任何意义。

结语

拉丁美洲管理教育的快速发展及全球化的影响给该地区的商学院带来

了巨大挑战。

特别是，由于美国模式对拉丁美洲商学院的巨大影响及认证和机构排名，研究型教师的招聘和发展已成为拉美商学院的主要问题之一。与此同时，这种主导地位创造了一种互补性，以及发展和传达与当地相关的研究和内容的迫切需求。目前，这一目标正通过发展商业和政府伙伴关系来实现，以完成相关内容和实际案例研究。

然而，总体而言，学校的领导者不支持拉丁美洲管理教育模式的想法，但承认发展一个独特和差异化教育的战略价值主张。

虽然学校的教育产品在过去 10 年中已经多元化，但仍需要整合新的学习方法并变得更加国际化，仍需采取重要的步骤来进一步提高拉丁美洲商业教育的质量，并加强其未来在国际舞台上的地位。质量改进是几个关键优先事项之一，其中还包括道德问题、对腐败问题的处理及教学和研究工作的转变，以接受新的数字技术。

第五章将讨论我们的受访者预见的未来 10 年拉美管理教育未来发展的情景和观点。

第五章
拉丁美洲管理教育的未来演变

在过去10年中，拉丁美洲的管理教育在数量和质量方面都有了很大的发展，主要体现在学校为学生提供的教育活动上。我们已经特别确定了更大的研究方向，强调商业项目中的软技能，以及国际上对各个方面的关注程度。这些是拉美领先商学院发生的最重要的变化。

然而，该地区商学院发生的这种转变主要是由全球管理教育领域及全球经济和商业环境的变化所驱动的。今天，拉丁美洲商学院处于不同的阶段，需要明确的战略意图，以此决定未来进一步发展的方式。

本章介绍了拉丁美洲管理教育工作者如何看待该地区商业教育的竞争环境、他们希望看到的变化、他们想象的不同情景及变革的主要障碍。

未来10年的竞争环境

在过去十年中，拉丁美洲管理教育的显著增长彻底改变了该地区商学院目前面临的竞争格局。因此，在向受访者询问他们如何看待拉丁美洲管理教育的竞争环境在未来10年内的发展时，他们提到了一个更加艰难的背景，即外国供应商的存在和新的交付形式的进一步发展。拉美的一些商学院将加强其区域地位，质量、区域合作及取得更大的国际关注将成为成功的关键。

竞争中的变化与挑战

尽管竞争程度已经提高，但超过一半的受访者认为，未来10年各级竞争将更加激烈，从而使教育者的质量更加异质。受访者认为竞争来自许多不同的因素。其中包括现有商学院在该地区内的激烈竞争与拉丁美洲商学院类型和质量的不断变化的结合；国内和国际管理教育的新晋者，以及对混合学习的作用和在线提供管理学位的期望的转变。此外，还有一种明显的看法，即教育质量和内容相关性的提高应该保持不变。

竞争将加剧的观点及管理教育领域中竞争者的不同层次或层次的逐步分层反映在以下引用中：

竞争强度

我认为以后会越来越有竞争力，比现在大得多，质量的分层将体现在国家内部和区域内。总的来说，我认为质量差距会变大，而不是减少。我认为真正拥有国际化的教师、与认证机构合作、与国际合作伙伴及海外机构合作的商学院具有优势。因此，随着时间的推移，对质量的投资将越来越多地产生差异。

当然，将会有越来越多的不同类别和质量的商学院出现在所有国家。未来将出现越来越多的二、三线学校，这在世界上任何国家都一样。

我们可能会有两类学校：一类是精英学校，价格昂贵，专注于研究；另一类是金字塔底层的学校，资源教学少，提供的学位质量低。

我认为中等的学校是受影响最大的学校，因为他们会比稍差的学校更贵，而且没有顶尖学校的质量，所以他们被卡在了中间。那些学校可能会受到最大的冲击。我们可能会看到更清晰的市场细分。

还有人认为，竞争格局变化的影响也可能导致商学院的类型、数量和竞争定位发生变化，有些人预计教学方法将更多样化，范围进一步扩大：

它将变得越来越有竞争力。有许多学校瞄准市场边缘的低质量课程，它们的数量和规模都在增加，而且质量也正在改善。这些大型教育团体目前正在巴西专注于本科教育，但它们很快就会进入研究生教育阶段，提供价格低廉且质量尚可接受的课程。

我认为高质量的商学院会越来越好。它们的价值认知度将提高，因为质量提升始终是最可靠的发展方式。然而，拉丁美洲有超过 2500 所商学院，这一数字十分惊人。在墨西哥至少有 900 所商学院，但是学校的效率不高。我的观点是，许多商学院都无法在未来竞争，只有那些拥有高质量、高标准、全球合作伙伴和强大的教师团队的商学院才会稳赢。

在这个更具挑战性的竞争格局中，一些受访者认为该地区的顶级商学院将在未来 10 年内引领拉丁美洲管理教育的未来发展：

有几所学校旨在成为该地区的榜样，成为精英学校，但它们不想成为一所全球学校。我还没有听说任何一所拉丁美洲学校想在未来 10 年里成为一所全球性学校。

我认为在未来 10 年内，没有一所拉美学校具有成为全球性商学院的资源和能力。但我们要向世界上的精英学校看齐。这就对有此抱负的学校如何相互关联、如何竞争及如何合作提出了挑战。拉美可能有四所真正的精英学校：一个位于拉丁美洲北部，在墨西哥或中美洲，一个位于安第斯地区，一个位于南科恩，还有一个可能出自巴西。

更重要的是，国际商学院的现有竞争预计将进一步加剧：

我们肯定会在线上和线下看到更多的国际竞争，其中一个重要原因就是人口问题。拉美的年轻人口更多，但欧洲没有那么多学生，欧洲有很严重的人口问题，即人口老龄化。如今有很多西班牙大学都来拉美招聘教师、建造校园或开设在线课程，这样的趋势会一直继续下去。

混合课程和在线课程的选择

如第四章所述，受访者认为混合课程和在线课程是一项关键挑战，也是拉丁美洲管理教育未来可能出现的主要问题之一。因此，在考虑技术和未来竞争环境时，一些受访者提到了这一主题。

> 我认为未来的管理教育与虚拟教学有关，也就是教师不必出现。我们必须改善发展互联网，以促进虚拟教学的产生。越来越多的学生希望在校园外面看到更多的虚拟研讨会或网络研讨会。就这一点而言，我认为在未来10年内不会发生太大变化，但一旦发展起来，速度会很快。我们目前是哈佛模式，仍然认为教学应当让教师和学生接触。教授的感受和课堂情感对我们来说可能是一个挑战。

国际和地区的进一步努力

受访者也充分意识到全球化及国际和区域内贸易模式的影响。这导致拉美学校的国际化和区域合作将更加重要和突出：

> 我认为全球化是学校让学生留在该地区的又一挑战。但我们可以从其他地方着手吸引学生，这就是英语如此重要的原因。如果学校不用英语授课，就没办法招到亚洲的学生。在我教的上一堂课里，学生的名字后面都会画一面国旗表示国籍，我的教学方式是多样化的，就像我在密歇根州教书那样。可能班上有一半的学生都是留学生。这门课是用英语教的选修课。这正是我们希望在未来看到的类型，未来的教学就是这样子。所以我们不能只教这些学生关于拉丁美洲的知识。事实上，这些学生最终可能会回到他们的国家。我们不能只教拉美问题，必须以全球化的观点来教学。

本科教学是拉丁美洲教育的重要部分，当然在巴西也是如此。本科教育需要在课程中向更加国际化的内容发展，让这些年轻人有更多的国际视野，并为学生提供更多国际交流的机会。教育必须更加国际化。

融合将成为拉美国家的主要议题，比如如何在智利、秘鲁、墨西哥和哥伦比亚等具有相似性的国家之间实现良好的整合。我们将努力以课程为导向来解决整合的问题。

拉丁美洲的许多跨国公司将更加一体化，因此拉丁美洲商学院之间将进一步发展特定的合作伙伴关系网络。

教学质量和相关性的提高

我们进一步询问了受访者，他们希望拉美商学院在未来要保持哪些方面。他们提到了学校教学质量的进一步提高，以及对教学和研究相关性的更大关注：

我在我任教的学校里看到的是，学校正在积极地改变。我想说，我对这些变化非常满意，我也希望看到更多变化，因为这说明学校正在改善。但我不希望学校为了在国际上提高地位而尝试全面改革，因为这样学校就失去了与拉美社会和现实接触的根源。我认为与现实紧贴一直是拉丁美洲学校的一大优势。这在其他地方的学校不一定看得到。

我喜欢在质量方面与国际竞争，同时保持本地风味的教学项目。我觉得这一点非常好，而且应该保持下去。

期望未来发生什么变化?

受访者还被问及他们希望在未来 10 年内在拉丁美洲管理学院看到的变

化。毫无疑问，最需要改变的地方就是质量，还要在两个主要方面加强区域合作，即改善拉丁美洲管理教育中涉及的内容和主题，以及促进跨区域拉美应用研究。他们认为区域内合作是管理教育国际化和全球化的重要补充。

的确，在上一章关于合作和研究支持的讨论中有一些例如“我们需要彼此了解”和“我们需要与企业和其他地区学校合作”的观点，体现了对区域合作的强烈需要。

我们没有添加前面章节中提到的引用，而是总结了关于协作和合作的关键点。受访者观点如下所示：

- 拉美和世界不同地区高质量机构之间的更多协同合作至关重要。
- 我们需要共同努力，开发有助于多元文化背景融合的行动。
- 拉丁美洲学校在教授、学生、研究和联合项目方面的合作对于该地区智力的“健康”非常重要。
- 拉丁美洲教授之间没有跨国研究。因此，拉丁美洲学校之间要建立更多联系，通过合作解决跨国公司提出和形成的问题，为拉丁美洲增加价值。
- 我们需要合作研究来比较国家和地区之间的差异和相似之处。

受访者还指出，这一变化也可通过为拉美商界增加更多价值来加强相关管理教育：

- 我们需要对该地区有更多的了解。
- 应该更加关注当前拉美的经济环境。
- 拉丁美洲的商学院比较懒。他们没有领导国家进行变革，而对于能使国家进步的议题，学校也没有将其摆在桌上讨论，大多数的商学院只为培养学生就业。

然而，受访者强调，促进区域相关性和合作并不能消减拉丁美洲学校扩大其国际视野的影响。他们提到以下观点：

- 了解如何提高竞争力，旨在全球舞台上成功占领一席之地。
- 变得更国际化至关重要。
- 我们需要更多的国际群体。我们必须以全球化的观点进行教学。
- 跨文化管理和国际管理将成为重要议题。
- 我们必须为学生提供更多出国机会。

此外，他们强调学校的领导希望保持学校已经达到的质量水平，并且随着国际化进程而进一步提高。他们指出，国际认证的作用越来越大，已经成为了吸引全球学生和学校伙伴关系的一个质量标志。此外，受访者还呼吁改善高质量的当地相关研究的产出，以继续建立拉丁美洲学校的国际声誉：

- 更严格的高端研究不仅与当地市场相关，而且提供了比较分析的框架。
- 这一点需要通过在该地区开发更多的博士项目来加强。

另一组受访者回答的理想的变化反映了持续包容性增长的必要性。有人认为：

- 鉴于拉丁美洲许多国家的经济增长，商学院课程中需要更多的创新和创业内容，尤其是要为学生提供更多的实践创新机会。

拉丁美洲管理教育情景

作为研究访谈的一部分，我们还要求管理教育者描述未来10年拉丁美洲管理教育的最好情况、最坏情况和最可能的情景。在这三种情况中，受访者的答复都提到了各国的经济和政治环境、商业教育领域的预期增长水平、拉美学校的国际化程度及区域要素的存在。

最佳情况

在谈到未来 10 年拉丁美洲管理教育的最佳情况时，一些受访者描述了经济增长和政治稳定的环境。他们强调，拥有更好的宏观经济条件将使该地区的学校相应地繁荣发展。特别是，繁荣将使发展中经济体能够鼓励发展更多的国际和区域内贸易。反过来，这又能形成稳定的政治环境、促进公民社会的重大变革。

经济和政治条件

我认为未来的发展情况始终与各国的经济状况有关。如果哪国经济发展良好，那么管理教育可能会在哪国繁荣发展；反之，学校就会出现一些问题或不利因素。

最好的情况就是我们过去 10 年发生的情况，即经济繁荣，许多国家的贸易蓬勃发展。

最乐观的情况是，在经济稳定的情况下，我们继续以这样的方式发展进步。最佳情况在各国各不相同，但我对此的预测是，经济增长表明拉美地区在未来可以有一两个发达国家，甚至更多。因为我认为有些国家可以在未来 10 年内发展，特别是在政治问题平息的情况下。如果我们能够改善经济和政治环境，那么学校就会以同样的速度发展，甚至获得更好的发展。

管理教育领域的结构

受访者提出的观点主要集中在经济增长和稳定发展的积极面上。稳定的增长会改善学校的研究情况、价值主张和国际地位。例如，一位受访者讨论了在经济持续增长的背景下，公司如何看待 MBA 项目可能增加的价值：

最佳情况是建立在MBA公司提高认知价值的基础上的。因此，这些公司将更好地构建它们的协助项目，并将其发展为一个重要的职业步骤，我们可以开设更好的项目，包括提高价格、平均价格，在项目中建立更多和更好的东西，如带来更多的国际教师，因为以往招聘国际教师会受到巨大的成本限制。

受访者还认为，拉美各国之间的经济一体化进程也将促进区域合作：

整合、网络、联合项目。我们正通过自己的努力开展一些双边关系，哪怕无法成为世界上最好的学校，也要成为本地区最好的学校。

拉丁美洲学校与欧洲、美国学校之间的合作更加乐观：

我能想象的最好的情况是拉丁美洲学校之间的合作、拉丁美洲学校与欧洲和美国的学校之间的合作。发展更多的研究项目；例如，欧盟就与美国大学和欧洲大学共同开展了一些研究项目。

其他受访者认为，该地区的顶级商学院将在未来蓬勃发展并提升其国际地位：

未来最好的情况是，现在这些顶级商学院中有三四个能够成为真正的国际机构，提供知识、培训，开展能影响整个管理教育界的研究，并以真正明确的方式帮助非洲、亚洲的学校，帮助那些落后但一定会崛起的国家。

其他受访者认为，通过相互合作，那些教授本地知识的商学院将成为更加优秀的学校：

最好的情况是未来我们拥有了解当地情况的强大的商学院，

能为本地的发展做出贡献，还能与其他国家的企业在全球和本地业务上进行合作。

对利益相关者的价值

受访者还认为，对管理教育利益相关者的价值提升可能由很多因素造成：加剧的竞争，商学院、政府和公司之间更密切、更明确的联系。例如，在公司治理领域提供了关于潜在腐败行为的适当道德准则的重要建议：

我们必须讨论公司治理的作用，以避免该地区许多公司目前存在的一些行为。在拉美，一些公司与政治家建立了关系，这种关系有损国家的透明度。我认为公司了解腐败行为对其形象和声誉的影响是非常重要的。

在这种情况下，受访者还推测，学校课程的进一步国际化可能会增加跨国公司和国际学生对拉丁美洲课程的市场需求：

最好的情况是，我们成功建立了优秀的机构，来自世界各地的人们希望来拉丁美洲接受管理教育，让我们在国际排名中占据突出地位。这将是最好的情况。

最佳情况是市场需求将增加，拉丁美洲收到更多投资，许多不同类型的公司来到拉丁美洲，采用一种综合方法。学校将共同发挥作用，为公司提供管理教育。

受访者还特别强调了更多拉丁美洲商学院将共同发展并获得国际认可：

最好的情况会是，拉美有更多学校获得认证，变得更加国际化，以研究为导向，更新课程，并采取必要的程序，在正轨上发展管理课程。

因此，最好的情况是有一些出色的商学院继续发展，并领导其他学校朝着那个方向努力。因此，即使是幸存的中产阶级学校也能够沿着这样的前进道路进步。

最好的情况是拉美商学院都由国际机构认可了，授予的所有商业学位都是国际认可的，通过合作甚至可以提供我们自己的双学位，或者根据学生的喜好做出变化，例如为学生提供从拉美一个国家到另一个国家学习的可能性。

此外，在国际主题范围内，所创造的丰厚资源也可增强教师队伍和改进研究：

我看到更多的国际教师被吸引到拉丁美洲，以帮助我们将全球概念应用到教学中。我认为招聘非拉美国民的教授的市场更具吸引力。我看到更多的交流计划不仅在拉丁美洲，而且在拉丁美洲以外，所以学生可以接触到世界各地的现实情况。我们需要有更多的全球参与者来吸引教师和学生及强大的区域参与者。我们真的需要与更多其他的国家接触。

在其他问题中，受访者强调了开发新技术和新的学习方法的必要性：

最好的情况是，我们的学校实际上赶上了千禧一代学生所面临的技术挑战：发展新的学习方式、发展改变组织能力的视频。如果学校能够跟上这一点，我认为最好的情况是许多拉丁美洲本地甚至地区的学校都能做到真正意义上的全球化。

最坏的情况

与前一情景中描述的特征形成鲜明对比的是，在最坏的情况下，由于宏观经济前景和政治不稳定性较差，我们的大多数受访者都在考虑大背景下的不利变化。

经济和政治条件

> 最糟糕的情况可能是该地区的繁荣停止，因为世界趋势发生了变化，在这种情况下，许多最近出现的学校可能会消失。但我认为传统或合并学校不会出现大问题。

> 最糟糕的情况是，如果拉丁美洲的所有国家，如巴西或阿根廷，继续陷入危机，而不是增长，会开始缩小规模。

> 我认为最糟糕的情况是拉丁美洲地区没有增长，以及经济问题如高通货膨胀率、低经济增长率、腐败、政治不稳定等这些因素肯定会影响到我们。在许多国家，情况并非如此，因为我们许多更重要的市场都受到了这种威胁。

此外，受访者认为政治因素可能是最糟糕情况的基础。受访者讨论了广泛的政治因素，可能反映出他们在政治因素对管理教育的影响方面的国家和地区关注的独特组合。讨论的主题包括国有教育的回归或深化、政府对教育部门的更多干预、民粹主义意识形态、腐败或可能会给拉丁美洲的商学院带来一些负面影响的政治孤立：

> 最糟糕的情况，我认为现在不太可能，即更多的总统希望在一些国家再次当选，而不是遵循民主规则。我不知道，但我认为这会影响学校和管理教育。然而，在事情变得激烈之前，他们可能不会改变，我没有看到一个重大变化。

> 最糟糕的情况是，民粹主义将赢得选举，他们所采取的政策会影响委内瑞拉、厄瓜多尔、玻利维亚、阿根廷等的经济体系。

国有教育，或者说国家控制教育，将是迄今为止最糟糕的情况，因为不管在哪个国家，学校都必须有自主选择教学模式的自由。

最糟糕的是政府想要摧毁教育部门。

竞争

竞争将越发激烈，主要是由于在线教育和国际竞争对手施加的压力，导致一些地方学校消失。

最糟糕的情况是哈佛大学的在线课程发展极好，以至于拉美学校的市场进一步缩小，直到一半的学校开不下去。厉害的玩家吃掉了整个馅饼，我们还能争到的少之又少。

最糟糕的情况是，一切都在加速，并且至少有一个方面可能会大大改变这种情况，即语言障碍。一些技术在发展。例如，Skype 正在开发一个程序，用一种语言在一端进行通话，它可以在另一端转换为另一种语言。比如说，我可以用葡萄牙语和你进行 Skype 通话，而你听到的是西班牙语。所以像这样的东西看起来像科幻小说，但也许是 10 年后的现实。如果我们使用这些技术，我们很快能发现要听懂英语会变得很容易，我们也能更多地投入到英语世界的竞争中。

在这种情况下，我们的受访者认为教育的利益相关者将从管理教育中获得更少的价值。他们认为教学计划的质量会更低，花样更少：

最糟糕的情况是我们的失败——没有更多的机构/学校获得认证，而少数认可的机构正试图覆盖市场，再加上外国机构或在线教育的补充，它们的成功是因为我们学校质量低或发展停滞不前，而且不想顺应市场趋势做出改变。

> 最糟糕的情况是学校觉得认证不值得，觉得做研究是浪费时间，认为学校只是社交俱乐部，学生去学校只是娱乐，享受美好时光，如此一来，领先学校的质量会下降，低水平学校的质量也不可能提高。

> 虽然我觉得这不可能发生，但最糟糕的情况是，市场正在被类似葡萄牙的Coursera等主导，这已经有势头了。远程教育和技术的优势取代了以混合或传统教学形式获得的真实经验交流。

更有意思的是，缺乏区域相关性和合作的学校可能只是单纯模仿美国或欧洲的学校，缺少地方特色，无法适应区域发展：

> 最糟糕的是，因为我们没有远见，或因为发展速度太慢，许多现有的优秀机构在走下坡路，直到最后消失。这是由于信息技术的发展，获得良好教育的最便宜的方式来自国外，我们没有适应这一点，所以在新的背景下我们才会消失。所以这是最糟糕的，不是在10年内消失，而是开始沿着这条路走下去。

> 我可以在意识形态很严重的商学院预见最糟糕的情况，其意识形态多于现实。在这种情况下，我指的是民粹主义的意识形态，但是还有另一种可能性，就是有一所学校教的东西和美国学校教授的东西一模一样，完全不考虑拉丁美洲的背景情况，那这样的学校也是一个意识形态的学校，教的都是意识形态。

> 最糟糕的情况是，我们会主要关注欧洲和美国这些第一世界都研究了些什么。

> 最糟糕的是，我们会继续像以前一样，非常支离破碎，用一种短浅的目光看待我们国家的发展，甚至是城市的发展。

最可能的场景

有趣的是，当涉及最可能的情景时，回答分为乐观、现状（或中等）和悲观观点，其中最常见的是乐观的观点。事实上，一半的受访者预计拉丁美洲的商业教育将继续蓬勃发展，并发展更强大的全球联系，而该地区最好的学校将提升目前的地位，并加强国际形象。它们还认为，在这种情况下，良好的宏观经济、政治和环境条件将占上风：

> 学校将继续发展，企业界将更加重视管理教育。

> 每个国家将有五所伟大的商学院，这些商学院有着强大的联系，拥有国际联盟，在当地市场进行合作，并趁势开展相关的研究。

> 10年以后最有可能的是，拉丁美洲最好或较好的机构与真正世界上的精英机构建立伙伴关系，共同发展该地区的四所精英学校，哪怕没有四所，至少也有两所精英学校。并不是说在10年内这些学校已经成为精英，但它们努力实现这一目标。

然而，对于一些受访者而言，管理教育并不可能与经济一起发展，这意味着它无法为地区带来理想的社会和经济变化，特别是在快速增长集中在特定行业（例如商品/采矿业）的情况下：

> 我想说最有可能发生的是该地区的经济情况将会非常差劲，因为拉美的经济目前集中在商品和采矿业上，而这些正是衰退的产业。不幸的是，商学院不会做出行动改变这一事实，不可能改善目前的情况。

竞争

竞争主要源于两点：拥有一系列项目的国际上的竞争——无论是在线教育还是面对面授课的形式，以及以较低价格提供较低教学质量的私立学校：

> 我们面临的竞争来自一些外国机构，它们提供线上教育和面对面课程。这基本上促使当地机构做得更好，在某些情况下，这些外国学校将与一些当地机构合作。

> 我认为最可能的情况是我们将提供更多低价、低质量的课程，并且这些课程会以某种方式与那些精品课程竞争。拉美可能会有国际学校提供低质量的远程教育。因此，未来会出现低端竞争，它会认可市场并在这里看到机会。

尽管存在竞争加剧的威胁，但仍有少数受访者认为基本上不会发生任何实质性的变化，或者变化需要的时间比预期的要长。有人怀疑在线和远程学习等创新会对该地区产生一定的影响：

> 最可能的是一切照常。我觉得不会有多大的变化，不管是正面的还是负面的。

> 最有可能的是我们继续采用与目前相同的方式。

> 最有可能的是，我们将继续以3%的速度增长，而非10%；我们得花10年才能真正展示我们最好的研究，而非五年。在未来10年内，我们将有5~6个与现实联系紧密的拉丁美洲博士课程，而非20~30个。

> 我并不觉得会有很大的挑战。比方说，很多人觉得远程教育

会蓬勃发展，但我觉得这在拉美不太现实，特别是在拉丁文化的背景下。

人们对利益相关者改善价值主张持乐观态度。一些受访者预测，通过加强区域和国际合作、国际认证，或与私营部门的持续和深入合作，可以提高质量：

我们将保持那些有吸引力的优质机构继续服务于本地市场，但也要有国际化的部分，虽然不是主要组成部分，但必须得有。我们是合作机构的大型网络的组成部分，这些机构定义了管理教育的未来，不管是在本地、区域还是国际。

拉丁美洲将有更多的机构获得国际认证。

至少在智利，我认为私营部门将继续发挥非常重要的作用，可能国有大学将拥有比现在更多的资源，并且将更具竞争力。我看到智利人，特别是智利的学生，随着技术的发展，正在迅速走向全球，因为每个人都出国旅行，他们将从更具全球视野的角度看待教育。

不同因素在管理教育未来发展中的作用

我们向受访者询问哪些因素将在拉美管理教育发展中扮演重要角色，哪些因素将特别对受访者本国的管理教育的发展起作用。绝大多数受访者认为私营部门及政府和公共部门具有塑造拉丁美洲商业教育未来发展的实际力量。此外，略超过一半的受访者提到国际学术机构是另一个将改变该地区管理教育格局的主要力量，而不到一半的受访者特别将国际认证称为潜在的积极影响。

私营部门

就未来对拉丁美洲商业教育的影响而言，国内外私营部门是被引用率最高的因素（占答复的75%），这不仅是因为它对不同国家经济产生的直接影响，还因为它需求更多更好的管理教育：

> 我的意思当然是私营部门和公共部门（政府）在决定需求方面发挥着重要作用。但是，我区分了长期作用和短期作用。对我来说，产生长远作用的显而易见是私营部门和公共部门合作共同努力。

> 首要因素是私营部门。它是唯一了解市场需求的因素。它们有钱也有信仰，它们必须做一些不同的事情。

> 与私营部门的合作一直非常富有成效，而且一直都很有影响力。我们与它们保持良好的对话，我们也将继续这样做。我认为我们之间的合作将以非常重要的方式促进创新和变革。

总的来说，真正的意识和信念是，私营部门和商学院之间的真正伙伴关系无疑将以非常重要的方式使拉美的管理教育受益。例如，人才发展和保留被视为企业战略发展的关键要素。

> 私营部门在我们的国家有两个主要要求，或至少有过。我们一直在成长，但现在情况正在发生变化。它们遇到了保留问题及管理者需要应对增长的问题。在这方面，它们是我们的好伙伴。

> 我认为公司会更愿意支持大学，因为它们意识到人才对增长至关重要。

> 基本上，商业教育必须帮助私营部门，帮助商业领袖提高竞争力等。

> 私营部门也因为我们需要与它们密切合作，我们应该把研究重点放在它们自己的项目上。当我们谈到企业和私营部门时，最成功的模式来自这个部门，甚至教育领域最成功的模式也来自于此。我们有几个公司如何在我们国家投资教育的例子，它们做得很好，因为它们有钱，它们有可能与世界各地的其他有趣的模式建立关系。

> 当然，私营部门会发声，提出它们想要什么、需要什么。如果我们不提供它们需要的东西，它们肯定会解释并向我们施加压力，以发展更好的伙伴关系和战略。

只有一位受访者表示，由于其保守主义，以及缺乏支持，兴趣和与商学院的对话，私营部门在确定该地区商业教育的未来方面没有任何作用：

> 私营部门需要更接近大学，才能说这就是它们所需要的。它们必须发声，必须解释为什么需要某种东西、为什么做的事情不起作用，但我没有清楚地看到这种互动。也许私营部门应该更多地告诉我们将来需要什么样的东西。但我看到的是一种非常保守的方法，私营部门没有足够的创造力、没有足够的创新，也不愿意在学校投入时间和资源。

政府和公共部门

将对拉丁美洲管理教育发展产生巨大影响的第二个因素是70%的受访者都提到了的政府。除了对国家经济增长的明确作用和责任外，政府影响力可分为三大类，即政府作为财政责任代理人和监管者、政府作为合作伙伴，以及政府作为增强教育普遍性和包容性的催化剂。

受访者针对政府监管责任的作用进行了探讨，见下文：

> 政府和公共部门在制定监管措施方面做得很好。在不在体系中都没关系。

政府始终是一个复杂的变量。当然，我们受到了相当严格的监管，但我们可能会受到更严格的监管。这在实际上是有可能性的。

由于经济活动，政府和私营部门绝对是相互关联的。如果经济活动失利，经济增长不再，那么对商业教育的需求也会减少。

第二类回复讨论了学校与政府之间加强合作、增进伙伴关系、相互支持的潜在好处：

阿根廷的公共部门是有机会改善的，因为大学和政府之间的关系并不是富有成效的，反而更加官僚了。鉴于我们的质量最终是政府最关心的问题，我们已经找到了在法规约束下自由行动的方法。但两者之间并没有进行重要的合作，也没有真正为国内更高标准的管理教育共同努力。我希望这会改变，希望拉美的其他国家也是如此，在某些情况下，也能看到大学和政府之间的合作是富有成效的。我认为整个拉美地区的教育体系有点过时，因此我们尤其需要更为现代化的教育法律框架，尤其是在管理教育方面。我希望通过高等教育机构和政府的合作，我们能在这方面有重大突破。

政府将继续支持拉丁美洲进行更多研究，因为这是每个政府的目标。这将影响管理教育和我们的机构。

更重要的是，受访者明确指出政府的作用是通过确保所有社会成员的包容性接纳并为高等教育提供足够的资金：

我认为政府仍然会发挥非常重要的作用，特别是在这种增强包容性的使命中，即使是家庭不富裕的人也可以进入国内最好的商学院——所以政府肯定扮演着一个重要的角色。政府仍有80%以上的研究资源，因此政府仍然是一个非常相关的管理研究基金提供者。

在智利，政府将是至关重要的，因为政府正在准备教育中的福利，未来所有的学费将由政府支付，虽然我听说目前这只是一个想法，毕竟天下不会有免费的午餐。所以我不知道政府对大学和商学院会提什么要求。商学院可能拿到的钱更少，而私立学校在未来能获得的就只有比国有学校更多的声誉了。

另外，一些受访者表达了他们对政府和公共部门未来影响的担忧：

不幸的是，政府和公共部门能产生的影响最小。还有许多亟须解决的问题，我们的政府仍然没有长远目光，它们只希望解决短期问题，没有着眼于商学院和高等教育的长期发展。

国际学术机构

超过50%的受访者普遍积极评价国际学术机构在拉美管理教育发展中的作用，大多数答案都表明了合作的潜力，有些人将其视为真正的威胁，尤其是那些以营利为目的、提供低价在线教育或提供研究生教育的学校：

一些外国大学正在拉美开展本地项目。合作的规模越来越大，兴趣越来越感浓厚，因此我们一直在和国外大学合作。年复一年，我们做得越来越多，并且将继续呈指数级增长。协作包括两种：协作和集成、协作和竞争。从本质上讲就是我们共同做的事情及我们需要担心彼此在做什么的事情，因为它对我们的市场产生影响，决定了我们作为机构最终是否会成功。

国际机构将产生一定影响。在各国发展方面，国际机构之间的这种伙伴关系非常重要。

国际学术机构也将更具影响力，它们也在试图寻找联盟。

我认为另一个潜在的参与者是这些大型营利性组织，它们专注于本科课程更加强烈地进入研究生教育。

也许这是一个最坏的情况，但有些低端的外国学术机构使用远程教育和混合教学方法，以极具竞争力的价格提供不太可靠的国际学位。

然而，还有一些受访者认为国际学术机构也是一个重要的因素，持此观点的人将其视为进一步推进拉美商业教育、促进其国际化的机会，途径是不同类型的战略联盟：

全球商学院与各国的优秀商学院结盟，合作，提供联合课程、双学位课程，分享最好的实践，因为真正的伙伴关系的合作是有益的。此外，学术组织，如 AACSB、EFMD 有助于改善管理教育、成绩标准、最佳实践、分享知识，以此帮助我们的发展，这也是一个重大影响。

也就是说，一些受访者提到了语言障碍，有证据表明只有讲西班牙语的学校才有机会到拉丁美洲并进行有意义的合作：

我认为拉丁美洲对他们来说是一个很大的市场。这是一个不断增长的市场，如果他们不像在亚洲那样在拉美建立业务，那主要是因为语言障碍。这就是来自西班牙的 IE 和 ESADE 在拉丁美洲非常活跃的原因。其余的可以专注于亚洲和其他市场，因为他们可以用英语。亚洲有如此庞大的英语能力人口，但拉丁美洲还没有。

国际认证

一些受访者表示，国际认证在该地区管理教育的未来发展中发挥着重要作用，它可以提高拉丁美洲商学院的绩效和质量标准。有趣的是，还没有哪一位来自巴西的院长提到过这个因素，这可能与该国国家认证的重要性有关：

> 我认为，国家认证制度引入国际标准而不是地方标准是合理的，甚至可以请来自国外的专家来帮我们进行认证，因为他们给我们带来的是新鲜的观点和看法。因为，这是一个非常小的国家，我去参加当地进行大学认证的董事会（正如我以前做的那样），而且我还认识董事会的每一个人，这样的认证还合理吗？

> 国际认证将发挥巨大作用，它也需要商学院进行策略性的行动，它要求商学院能够响应社会的要求，社会不要求商学院提供工人，而是要培养领导者，培养能改善任何社会背景下的经济的人。

> 获得国际认证对于当地高级别的机构非常重要。无论国际组织认为需要考虑的新的高质量标准如何，都需要认真考虑认证准则和评估标准。这些将立即渗透到当地的实践中。

> 我认为将来会有更多的认证。他们自己会更积极，重要性也将进一步提高。

也就是说，受访者对拉丁美洲国际认证和竞争产生的同质化效应存在一些担忧。他们认为地方和区域差异也很重要，这应该得到认证机构的认可：

> 我相信差异性是有可能帮助到学校的发展的。但是，由于一些学校已经获得认证，其他学校认为它们应该处于同一水平，它们也正试图获得认证，以便被视为平等和强大的竞争对手。这迫使它们朝着同一方向进入同一地区，它们的战略意图看起来也就一模一样。

哪些事物/人有可能在未来创造变革

受访者告诉我们他们认为有哪些事物或人会使未来拉美的商业教育产生变化。他们的回答指出了三个主要问题，即商学院的战略定位、技术变革和数字革命始终存在的影响和私营部门更有效地表达其对管理培训的需求。

商学院

我们观察到，该地区学校发生的大多数重大变化都是由商业教育部门及国际经济和商业环境的变化所驱动的。因此，值得注意的是，在向受访者询问拉丁美洲管理教育的未来可能会对其产生什么样的变化时，近半数人指出他们自己的商学院在领导这一变革、制定长期战略方向上的责任。正如受访者所指出的那样，发展拉美商业教育的努力涉及学校的管理团队、教师队伍及其应对变化的行动：

> 商学院有机会创造变革，它们应该在变革中发挥基础性作用。老实说，我希望商学院是变革的引擎，正是因为学术界是讨论、思考、反思事物的合适环境。因此，商学院是产生思潮，即进行变革讨论的地方。

> 商学院的教师对商学院及整个商业社会通过研究进行有意义的变革负有重大责任。它们可以预示某些行动的后果及某个行动是如何产生良好结果或不良结果的，以及分析独立信息以显示什么是好的、什么是坏的。

> 我认为学校是引领变革的主体。到目前为止，或者至少根据我的经验，这些大学一直在关注其他学校在做什么，它们了解哪些标准需要更国际化，以取得最终的成功。然后，它们也在努力

改变当地的一些情况，使当地的企业跟上世界的发展步伐，跟上政府、排名等方面的步伐。更大的变革应该在学校里发生，这也是它们的责任。

当然，四五所顶尖学校可以更多地合作，合作的领域可以进一步拓宽。我一直在想和巴西合作，但也可以考虑整个拉美地区的其他合作伙伴。顶尖学校共同努力，影响和建立适当的管理教育标准。它们可以发挥决定性作用。

很明显，一些受访者非常强烈地认为，优秀的院长和大学领导者在确定商学院的愿景和战略意图方面发挥着重要作用。他们还认为优秀的外国大学是变革的催化剂：

管理机构领导者的愿景将引发管理教育的变革。

我认为学校的领导人是引领变革的人，他们有好的想法，能抓住机会，也能创新。创新是做一些新事情的关键因素。事实上，新的项目、提供项目的方式，还有混合技术，都是创新的方式。创新是在非常传统和保守的领域中发展的方式，能够创造出一些新的东西。

我觉得国外的大学会给我们带来变革。它们是成熟的机构，它们的市场已经成熟，因此它们拥有经验、资源，而且在某些情况下它们是愿意做出改变的，这样才能适应拉美市场，更好地应对拉丁美洲市场等发展中市场的机遇。

技术

拉丁美洲的绝大多数学校并未真正利用技术来开发创新的教学方法，特别是没能利用新技术作为提供相关管理教育的新方式。由于商学院技术的滞后，一些受访者认为技术是另一个必将改变商业教育领域的主要力量：

技术作为增加学习机会的工具必将成为变革的驱动力。

我认为就学习的方法而言，或许使用来自国外的技术会有所作为，可能我们将不得不适应并采用这些技术。

技术将影响整个文化和社会。权力通过社会，通过不同的部门分配，由此产生的社会中的这些变化是商业教育必须要理解的，这点非常重要。正如我所说，技术是我认为社会变革的关键因素。

我认为变革的因素不会是商学院，而是其他机构，如Coursera和其他技术平台，它们将迫使拉美商学院发生改变。

私营部门

鉴于私营部门在未来管理教育发展中发挥核心作用，一些受访者认为商业公司面临的持续挑战及其解决方案的需求能使公司和商学院的联系愈加紧密也就不足为奇了。因此，它们面临的问题将对该地区的商业教育的几个方面产生重大影响：

促发变革的应该是私营部门。商学院需要在私营部门的支持下进行变革。而且，我们需要私营部门的捐赠，这就是我们所需要的。

我认为企业需求将成为变革的驱动力。

私营部门、私营部门的需求和私营部门的发展将迫使拉美学校做出改变。

我想说变革更有可能来自私营部门。它们是客户、商业校友的最终客户，如果它们在全球范围内竞争，它们需要优秀的毕业生的帮助才能参与竞争，它们可能会在这个过程中进行更多的干预。

在私营部门内，受访者还强调了企业家的潜在贡献、年轻人对企业和家族企业可持续发展的理想主义：

变革的关键不在国家，也不在大公司。这种变化会来自家庭式公司。目前在这方面做得比较好的是智利和巴西，这些国家里富裕的家庭不多，这些富裕的家庭对未来有很好的想法。他们对在这个国家开展相关业务并考虑如何赞助这类机构的重要性有很好的想法。主要变化将来自富裕家庭。

我相信年轻人，相信我们的学生，他们是变革的主体。他们正在推动我们，因为他们了解世界已经发生变化，他们正在推动公司了解到可持续性是一个重要问题，道德是一个重要问题，参与到解决问题中来以发展该地区是一个重要问题。我相信其中有其他想法的年轻人。

变革或制约的障碍

总体而言，我们的受访者一致认为，拉丁美洲的管理教育仍需要做出许多重要的改变。他们还承认，改变或限制其运营存在一些重大障碍。虽然商业教育领域中存在大多数这些障碍或限制，但其他障碍或约束则更为广泛。尽管如此，一位受访者认为，只要学校对新想法充满激情和热情并希望改变，发展就没有障碍：

我没有看到太多障碍。这是一个信仰问题。如果你真的有激情，如果你真的对一个项目或想法有信心，你就一定会执行。但你不会做一些你自己都不相信能成的事情。在我的同事提出一些有关事物的想法时我总是会说，他们必须先有动力使它们成为现实。

商学院“产业”内的障碍

正如一些受访者所指出的那样，拉美商学院变化的主要障碍之一是行为方面的，即学校领导者和教师都不愿意改变。这可以概括为变革的僵化。在创新、新技术和研究挑战方面更为明显，变革有时受到各种教师的限制，比如新研究人员及具有不同目标和愿望的长期教师：

> 我们在这些机构中谈论创新和如何承担风险的时候，经常提到一些制约因素。教师确实是缺乏改变勇气的人。没有人想要改变任何东西，特别是院长们尤其如此。所以真的很难打破这个障碍。其中一个障碍是大家对风险的极端防范，总有各种理由和解释不做出任何改变，总是做些一样的事情。

> 谈到大学的教职员工，就能发现那些拥有博士学位并在国际上出版的新人非常习惯于旅行和参加各种国际学术活动。但还有另一个与我们一起发展起来的教师团体。这些教授多年来一直处于这种封闭模式，他们是大学发展的障碍，因为他们无法在国际上拥有这种高水平的研究议程。他们仍然认为情况依旧没有改变，他们觉得混合教育的模式着实无趣。这些是内心里的障碍。

> 受美国的启发，我们的教学模式已经成功运行了几十年，我们的商学院已进入一个舒适圈。像我们这样的顶级商学院，自己的成功就是变革的障碍。我们有很多利害关系，想要很大程度上改变我们的教学模式并非易事。行业新晋者实施新的模式要容易得多。

随着商学院扩大和发展，该地区以研究为导向的教师短缺及提供聘用此类教师的激励措施的能力是一个非常重要的制约因素：

> 一个主要的制约因素是缺乏优秀人才、缺乏博士学位、缺乏知识分子领导者。

> 我们需要良好的教师。其中一个障碍是如何成功地把新的教师吸引到拉美的环境中，如何获得金钱支持来支付国际薪水。

虽然一些受访者认为国际认证对拉丁美洲的管理教育具有积极影响，但对于其他受访者而言，他们在拉丁美洲背景下尝试应用的准则和标准确实是相关商业教育发展的制约因素：

> 我认为我们在拉丁美洲所需要的教授并不是EFMD或AACSB为这个市场而推广的那样。我们需要有更多的全职教授，不仅是兼职教授，因此我们拥有更多样的教授。我们确实有顶尖的研究人员，我们必须竞争到那些全球期刊，希望是与拉美情况非常相关的期刊。但是，我们需要那些能够将研究应用于当地环境的人。

很明显，在教师招聘讨论中另一个主要制约因素是，是否有足够的资源来资助本地和国际商学院的发展：

> 许多商学院没有足够的资金来完成学校内部的质量建设，因为它们没有控制自己的资金。教务长正在考虑商学院正在实现的目标，并为大学内的其他计划提供资金。而公立大学则是另一个话题。我认为改变的主要制约因素是财务问题和心态问题。

> 在这样的环境下，比如说应用研究中，拉美一贯没有个人为研究提供资金的做法，主要靠政府扶持，而且要和所有学术领域竞争研究补助金。

很明显，这种资源限制在公共机构中更为严重，因为教育要么是免费的，要么是名义上的收费结构：

> 在拉美，我所看到的可能在其他一些国家也是如此，巴西更甚，它们有着优质的免费公共教育，但数量非常有限。因此，它

们倾向于设定标准，设定良好教育的标准。但它们只提供需求量的3%或4%。所以它们设定了标准，这是一个非常保守的标准。基本上它们的资金有限，没有了卖点，联邦学校也要遭殃。由于资金非常有限，所以基本上，它们希望一切保持原样，保持免费。现在那些被允许接受高等教育收费的学校可以对整个教育方法做出重大改变。但它们的障碍是人们明明可以在一些最好的学校接受免费教育。

为了提高所有商学院的质量，有些人还认为最好的顶级学校和较低层次学校之间的联系应更紧密：

拉美机构之间建立密切联系的困难在于目前在拉丁美洲和其他国家的七八个，甚至十个顶级质量的机构之间存在巨大差距。在我看来，目前的趋势是要把二线机构放到舒适区里，并保持这种方式，让我们觉得这已经足够好了，但这些机构并没有真正追求卓越。

这可能会成为拖垮整个系统的负担，因为差距如此巨大。我们是有责任的，不管是10个、12个或者随便多少个，我们不能孤立它们，而是要建立桥梁并带动发展。

语境障碍

一些受访者特别提到当前的经济和政治形势（即使这种不稳定性在早期的答复中是显而易见的）作为该地区管理教育发展的进一步制约因素：

在这方面我唯一可以预见的是政治和制度方面的特殊性，但除此之外，和往常一般，我认为这是一个全球性的问题，也是一个机会。

监管是一个很大的障碍。阿根廷制订战略计划的过程中是有不稳定性的。一个小小的例子就是货币汇率在过去四个月翻了一番。这不是一个小小的改变。因此，通货膨胀是一个巨大的挑战，它不仅是经济问题，也是政治问题。

管理教育受到了巴西一些短期问题的影响。这种变化只会受到财务状况、经济问题的影响。其余的问题都能自行解决。我认为这只是财政和政治环境的问题。

还有其他人提到某些文化因素是改变的障碍：

我认为现在它与文化问题、文化方面有关。它与拉丁美洲的商业运作方式有关。也就是说，管理刚刚成为一种专业，这是相对较新的。在过去，管理不被认为是一种专业，经理是一种简单而自然的任务。我的意思是，只要是一个人就可以成为一名优秀的经理，而现在这是一种职业，我们必须学会如何成为一名好经理。

变革时间表

当向拉美领先的商学院的管理教育工作者询问什么是现实的变革时间表时，主要出现了两个时间：不到 10 年和 10~15 年。然而，一些受访者表示，由于拉丁美洲各国面临着不同的变化情况，因此实际上要确定单一的变革时间表是不可行的：

它因国家而异。有时你会觉得什么时候变革的确有一个时间表，这是根据文化或根据人民的特点决定的。但事实是，有时我们面临竞争，必须尽快行动，做出改变。时间表确实取决于很多方面，我认为软实力是必须要讨论的，比如说文化方面。

制定一个时间表，这一点非常困难，因为如果两年前在巴西谈论商业教育的未来，那将是完全不同的。同样在阿根廷或秘鲁也一样。所以重要的是，良好的制度确实以积极的方式发展，且道路是明晰的。谈论时间框架非常困难，因为这些国家本质上是不稳定的。

一些受访者认为改变将在不到10年内发生，提出这一观点的人解释说，该地区的学校已经处于变革的过程中。在这个过程中，商学院的关键是要跟上环境的变化并相应地发展：

商学院部门的发展速度非常快。未来三年和五年没有变化的商学院在这种新的商业教育模式中不具备足够的竞争力。

我的意思是整个行业现在都在发生变化。事实上，正如通常的情况一样，有些学校落后，还有真正的早期成员、有行业领袖。

我认为这是一个非常有活力的市场，在过去10年中发生了很多变化。我认为变化速度不会放缓，只会保持或加速。

特别是在阿根廷，新政府将在未来四年内带来很多变化，但总的来说拉丁美洲是一个非常活跃的地区。

我们必须关注社会的发展、大趋势，关注正在发生的事情，我们必须非常迅速地进行创新。我们必须通过研究，通过教师适应这些新趋势，并要求他们研究新问题。例如，他们如何将不同的学科组合成一个综合研究。与此同时，我们必须创建新类型的项目，还要有新的平台，使用不同的教学方法使用技术。因此，我们正在改变，将学校的参与者带入学习过程的中心。我想说五年后管理教育将朝着这个方向发展。

而其他人则认为，需要首先进行某些结构性改革才能实现真正的变革：

> 5~10 年，不会再超过这个年限。因为我们需要改变，我认为我们需要改变资金。例如，我们在美国有一个基金会，我们也从那里获得资金。
>
> 我想说我们必须有长远的计划，我们必须有五年到 10 年的计划。我们有相当数量的 45 岁以下的年轻教授，但我们必须在五年或 10 年内改变这样的情况，要不断地改变，这意味着必须能够招募新的教师来取代旧的教师，新教师应该带来最先进的知识。因此，要招募教师，就需要为它们提供一个允许自由创造的环境。
>
> 我认为现实的时间框架将是 6~8 年，我指的是在该国实施更为宽松的经济政策，因此在这种情况下更加明确地开放国际教育标准，从而接受国际标准。
>
> 因此，我们必须全面实现拉丁美洲的自由化。比如巴西就是这样——政府对一切工作实行大量管控和限制。它需要自由化。

最后，那些认为变革将在 10~15 年内发生的受访者表明，需要不同利益相关方之间的协作努力及新的变革意愿（并承担风险），还要理解管理教育思维的全球背景：

> 10 年。当我们谈论商学院时，每个国家可不止 3~4 所商学院，而是 20~30 所。也许 10 年是不够的。我们的政府应该有能力实施有效的教育政策。这是第一步，因为如果我们能够与政府和教育机构密切合作，能提高我们正在做的事情的质量，能弄清楚我们到底在做什么，我们就应该可以更进一步。但如果我们不迈出这一步，我们就算努力也难以实现拉美的重要目标。
>
> 我认为 10 年这样一个变革的时间框架是现实的。我的梦想就是去找到国际化的院长。然而，在我看来，我们学校的领导力仍然是偏向本地的，我们的学校并没有真正走向世界。我们没有自己的能力，没有机构内部的流程，我们的文化还无法接受这种多

样性，我们还没有具备这种能力的领导者拉动我们学校成为真正的国际机构。因此，第一步是要意识到这一事实，即我们仍然非常本地化，我们还没有在拉美学者的多元化群体中雇用教职员工。

如果你认为新的一代人会做出改变，如果你认为现在40多岁的人会担任这些例如院长和校长的职位，相对于新的一代人而言，这些40多岁的人比他们多辛勤工作了10~15年，就是为了完成他们能够做出的改变。

他们将无法进行整体转型，但如果他们要改变，则必须在未来10~15年内完成。

我认为我所考虑的时间框架是10年。但我们需要快速行动，因为我们在学校所做的任何事情都是我们已经反思过的。今天开始的任何倡议将在五年后收获，所以如果我现在采取行动，结果将在五年内展现。

结语

拉丁美洲的管理教育在其整个历史中，尤其是在过去10年中，已经有了显著的发展。这一进展不仅与该地区不同国家的整体发展程度密切相关，而且与经济和商业环境及管理教育领域的全球趋势密切相关。

因此，拉美领先的商学院变得更加国际化，并以不同的方式面对全球竞争，同时努力提高研究水平，主要是受到了美国管理教育模式在该地区的强大影响。然而，未来10年拉丁美洲商业教育的发展将主要取决于学校的战略选择和它们所采取的后续行动。

这些选择和行动的关键是开发商学院与私营部门和政府之间及该地区学校之间的新合作方式。这种合作将带来拉丁美洲管理教育的相关性，并有可能变成一种差异点，这将有助于学校在国际商业和学术界创造独特的定位。

商学院及其成员在引领拉美管理教育未来发展方面的核心作用是不可否认的。但是，即将到来的转变需要在很大的程度上改变思维方式，并抓住技术带来的新机遇。变革将同时带来惊心动魄的挑战。但学校必须面对这些挑战。

后 记

本书首先对拉丁美洲的政治和经济格局进行了简要的背景分析。它指出，拉美民众强烈支持减少企业和政府的腐败，并建立一个更民主的政府。整个拉美的政治领导人越来越意识到年轻一代和城市中产阶级的变革压力。政治、经济和社会变革是不可避免的。在这个不稳定、不确定、复杂和模糊的环境中，至关重要的是要认识到，过去不代表每个国家的未来，经济增长是一个重要目标。随着经济和国家的发展，对强有力的业务发展和道德领导的需求是显而易见的。

接着，本书全面概述了从20世纪初开始的拉丁美洲背景下的管理教育的时间表和演变及其随后的积极增长情况。它还确定了在此过程中发生的主要变化，及该地区商学院目前面临的主要挑战。

毫无疑问，拉丁美洲的管理教育在过去10年中得到了显著扩展和发展。最重要的是，拉美的学校已经变得更加国际化，更加以研究为导向；学校受到了全球化日益增长的影响，它们在国际商学院社区内寻求合法的驱动力量。然而，遵守国际标准及美国模式对拉丁美洲管理教育的强大影响，导致许多学校忘记了根据本国发展需要及经济和商业环境发展当地相关性和创造自己知识的重要性。

面对全球竞争和以技术为基础的学习模式，拉丁美洲商学院现在需要通过商学院之间更广泛的合作与协作来创造自己的特色，不仅是本地的商学院之间合作，还要与国际商学院合作。CLADEA的努力证明了通过合作可以实现哪些目标，但还有更多需要学习的东西。通过学习，学校就能凭借其强大、有利和独特的联系在其所在地区和国际市场形成独特的定位。

因此，以下问题是拉丁美洲管理教育者面临的一些持续挑战；管理教育者是否会认真研究该地区有前途的、现有的基础和管理教育的优势？未来的发展道路是创新的还是以价值观为导向的？是否会设计和实施未来的战略选择，以改善质量和价值管理教育？这样的教育是否能培养出训练有素的道德领导者，他们又是否能指导公司和国家实现拉美国家的强劲经济增长和日益繁荣？这些是本书重点关注的一些问题。

更重要的是，第五章中的情景分析表明，对最佳和最可能情景的非常积极和乐观的看法（分散和下降是对最不期望、最坏情况的隐喻）对管理教育的“全球地方性”增长抱有相当大的希望。实际上，在最好的情况下，受访者明确表示国际化、区域合作、学校数量、计划质量、教师实力、资源和研究成果都会有显著改善。在最可能的情况下，会有更多的竞争，但仍然会促进增长，改善质量和协作。

在商学院，无论是在拉丁美洲还是其他地方，总是无法清楚地表达一个独特的思想，无法彻底讨论出如何处理国家的背景和文化差异。寻求商业学校的身份、合法性和更强烈的目标感需要拉丁美洲院长和校长进行深思熟虑。这种搜索或目的性是否会引领采用拉丁美洲的管理教育模式，还是会鼓励混合模式，将全球“最佳实践”的创意组合与拉美的当地需求相结合，以设计高质量的管理训练？正如本书所表明的，对这一主题有一系列的看法，我们建议现在由读者来评估本书中的论点和数据，并得出他/她自己的推论、判断、结论，最后给出关于拉丁美洲管理教育可持续增长的适当未来模式的战略选择。

致 谢

正是有了以下人员和专业机构的配合、激励和支持，本书才得以完成。

感谢欧洲管理发展基金会（EFMD）、研究生招生管理委员会（GMAC）的资助。尤其是 EFMD 主管艾瑞克·科尼埃尔和 GMAC 主席及 CEO 桑吉特·乔弗拉，促进了对于拉丁美洲管理教育在全球发展路径的研究项目的进展，也让我们意识到创新全球管理学院商业模式的必要性及这些模式之间的异同。此外，EFMD 的运营主管马修·伍德、GMAC 的非洲区主管罗恩·赛博特和 AACSB 的首席运营官丹·勒克莱尔也在此过程中提供了宝贵的建议。

在所有为这一项目提供帮助的合作者和贡献者中，我们还要感谢各位院长和各位同事的慷慨帮助和开放态度。其中，伦敦大学伯克贝克学院的安德鲁·佩蒂格鲁和诺丁汉大学的肯·斯塔基强调了对全球管理教育发展和商学院模式适应不同文化、语境和国家情况进行调查研究的重要性。此外，各位院长和好友，包括位于北美的米歇尔·帕特里（蒙特利尔高等商学院，蒙特利尔）、大卫·施密特林（斯隆管理学院，麻省理工学院）和肯·弗里曼（奎斯特罗姆商学院，波士顿大学）；位于欧洲的皮特·罗朗基（中欧国际工商学院，欧洲）、桑地亚哥·伊尼格斯（IE 商学院，马德里，西班牙）、乔迪·卡纳尔斯（IESE，巴塞罗那，西班牙）、西蒙·柯林森（伯明翰，英国）；位于非洲的尼可拉斯·克雷恩（比勒陀利亚大学戈登商学院，南非）、尼克·比内德尔（比勒陀利亚大学戈登商学院，南非）、伊纳斯·奥克内多（拉各斯，尼日利亚）、塞米·高非（ESCA，摩洛哥）；以及特别感谢拉丁美洲的福尔南多·达来西奥（CENTRUM）的支持。我们还要感谢一些同事，他们是凯·皮特斯（考文垂）、瑞克·史密斯（新加坡管理大学）、斯蒂夫·戴维德森（波士顿大学）、保罗·卡里尔（波士顿大学）和文卡特·文卡特拉曼（波士顿大学），他们敦促我们重新审视商学院的商业模型。

此外，还要感谢新加坡管理大学（SMU）给予的组织和个人支持。霍华德是ASMEU的主任，这一机构为此项目提供研究帮助、数据分析和行政支持。还有SMU校长迪枚晔（Arnoud De Meyer），他低调、有效地提供了指导，展现了独特的领导魄力。霍华德很重视与他之间的长期友谊。

在SMU，我们还要感谢其他同事，包括LKCSB院长杰拉德·乔治教授、副院长格雷戈尔·哈尔福，以及迈克尔·李教授，他与霍华德合作完成了许多论文和著作，涉及全球管理教育的变革。真诚感谢他们对此项目提供的帮助。还有霍华德的私人助理，他参与了项目的许多阶段，并在结项之际担任了许多修改的协助和管理工作。

另外，感谢ITAM和墨西哥文化协会提供的组织和金融支持。加布里埃尔·阿尔瓦拉多在ITAM工作了24年，获得了2016~2017年度学术奖和学术假。她因此得以全心投入到此项目中来。特别感谢IE大学校长圣地亚哥·伊尼格斯和IE商学院院长马丁·博伊，感谢他们让加布里埃尔利用假期时间留在IE商学院。在那期间，著书取得了很大进展。

还要感谢附录中的24位受访者，在拉丁美洲，他们拿出两到三小时，高度支持、开放、热情、坦诚，与我们分享管理教育的专业知识、见解观点。

最后，本书内容的质量和可读性很大程度上归功于EFMD的顾问编辑乔治，他给予了我们专业指导和有建设性的批评意见。但是，我们对本书的观点负责。我们真诚希望本书能够为管理教育在其变革中必要的环境和适应提供一些见解，激发一些思考。

加布里埃尔·阿尔瓦拉多、霍华德·托马斯、林恩·托马斯和亚历山大·威尔森

参考文献

AACSB International. (2015). *Business school data guide*. Tampa, FL: AACSB International.

AACSB International. (2016). AACSB-accredited universities and schools. Retrieved from http://www.aacsb.edu/accreditation/accredited-members/global-listing. Accessed on March 12, 2017.

AACSB International. (2017). *Business school data guide*. Tampa, FL: AACSB International.

AMBA. (2016). Business school search. Retrieved from https://www.mbaworld.com/business-schools/business-school-search. Accessed on March 12, 2017.

BALAS. (2016). BALAS institutional members. Retrieved from http://www.balas.org/about_members.php. Accessed on March 12, 2017.

Bloomberg Markets. (2013, March). *The top 20 emerging markets*. Retrieved from https://www.bloomberg.com/news/photo-essays/2013-01-31/the-top-20-emerging-markets.

Carl, D., Gupta, V., & Javidan, M. (2004). Power distance. In R. J. House, P. J. Hanges, M. Javidan, P. W. Dorfman, & V. Gupta (Eds.). *Culture, leadership and organizations: The GLOBE study of 62 societies* (pp. 513–563). Thousand Oaks, CA: Sage Publications.

Central Intelligence Agency (CIA). (2017). *The World Factbook*. Retrieved from https://www.cia.gov/library/publications/the-world-factbook/. Accessed on November 9, 2017.

CLADEA. (2016). Members. Retrieved from https://www.cladea.org/es/miembros/lista-de-miembros/. Accessed on March 12, 2017.

Creswell, J. W. (2013). *Research design: Qualitative, quantitative, and mixed methods approaches*. Thousand Oaks, CA: Sage Publications.

EFMD. (2016). EQUIS accredited schools. Retrieved from https://www.efmd.org/accreditation-main/equis/accredited-schools. Accessed on March 12, 2017.

Family Firm Institute. (2014). *Global data points*. Retrieved from http://www.ffi.org/page/globaldatapoints.

Financial Times. (2016a). Executive Education – Customised – 2016. Retrieved from http://rankings.ft.com/businessschoolrankings/executive-education-customised-2016.

Financial Times. (2016b). Executive Education – Open – 2016. Retrieved from http://rankings.ft.com/businessschoolrankings/executive-education-open-2016.

Financial Times. (2016c). Executive MBA Ranking 2016. Retrieved from http://rankings.ft.com/businessschoolrankings/executive-mba-ranking-2016.

Financial Times. (2016d). Top MBAs for Entrepreneurship 2016. Retrieved from http://rankings.ft.com/businessschoolrankings/top-mba-for-entrepreneurship-2016.

Financial Times. (2016e). Masters in Finance Pre-experience 2016. Retrieved from http://rankings.ft.com/businessschoolrankings/masters-in-finance-pre-experience-2016.

Financial Times. (2017a). Global MBA Ranking 2017. Retrieved from http://rankings.ft.com/ businessschoolrankings/global-mba-ranking-2017.

Financial Times. (2017b). Online MBA Ranking 2017. Retrieved from http://rankings.ft.com/businessschoolrankings/online-mba-ranking-2017.

Hofstede, G., Hofstede, G. J., & Minkov, M. (2010). *Cultures and organizations: Software of the mind.* New York, NY: McGraw-Hill.

Holy See Press Office. (2016). *Pontifical yearbook 2016 and the annuarium statisticum ecclesiae 2014: Dynamics of a church in transformation.* Holy See Press Office. Retrieved from https://press.vatican.va/content/salastampa/en/bollettino/pubblico/2016/03/05/160305b.html. Accessed on March 5.

International Monetary Fund (IMF). (2016, April). *Regional economic outlook: Western hemisphere – Managing transitions and risks.* Retrieved from http://www.imf.org/en/Publications/REO/WH/Issues/2017/01/07/Regional-Economic-Outlook-Western-Hemisphere12.

International Monetary Fund. (2017). *World economic outlook database.* Retrieved from https://www.imf.org/external/pubs/ft/weo/2017/02/weodata/weoselgr.aspx.

International Telecommunication Union (ITU). (2017). *Country ICT data.* Retrieved from https://www.itu.int/en/ITU-D/Statistics/Pages/stat/default.aspx.

PIM. (2016). Member schools. Retrieved from http://pimnetwork.org/member-schools/americas-programs/. Accessed on March 12, 2017.

The Economist. (2015). Executive MBA ranking 2015. Retrieved from http://www.economist.com/whichmba/executive-mba-ranking/2015.

Thomas, H., Lee, M., Thomas, L., & Wilson, A. (2014).*Securing the future of gement education: Competitive destruction or constructive innovation?* Bingley: Emerald Group Publishing Limited.

Thomas, H., Lee, M., Thomas, L., & Wilson, A. (2016). *Africa: The management education challenge.* Bingley: Emerald Group Publishing Limited.

Thomas, H., Lee, M., Thomas, L., & Wilson, A. (2017). *Africa: The future of management education.* Bingley: Emerald Publishing Limited.

Thomas, H., Thomas, L., & Wilson, A. (2013). *Promises fulfilled and unfulfilled in management education.* Bingley: Emerald Group Publishing Limited.

Transparency International. (2017). *Corruption perceptions index.* Retrieved from https://www.transparency.org/news/feature/corruption_perceptions_index_2016#table.

US Department of Commerce, Census Bureau, Economic Indicators Division. (2016). *Top U.S. trade partners*. Retrieved from https://www.trade.gov/mas/ian/build/groups/public/@tg_ian/documents/webcontent/tg_ian_003364.pdf.
UNICON. (2016). Member directory. Retrieved from https://www.uniconexed.org/member-directory/. Accessed on March 12, 2017.
World Bank. (2017). *World development indicators*. Retrieved from http://databank.worldbank.org/data/reports.aspx?source=world-development-indicators.

附 录

受访者名单

Dr. Carlos Alcérreca Joaquín – Former Dean, Division of Business Administration and Accounting, ITAM, Mexico

Dr. María A. Alegre – MBA Program Director and Director of the In-House Executive Education, Universidad del CEMA, Argentina

Prof. Beatrice E. Avolio Alecchi – Head of the Graduate Business Department, CENTRUM Católica Graduate Business School, Peru

Prof. Antonio Batista da Silva Junior – Dean, Fundação Dom Cabral, Brazil

Prof. Jorge Benzaquen de las Casas – Professor and Former Administrative Director, CENTRUM Católica Graduate Business School, Peru

Prof. Esteban R. Brenes – Former Dean, INCAE Business School, Costa Rica

Prof. Luiz Artur Ledur Brito – Dean, FGV/EAESP, Brazil

Dr. Elsa del Castillo Mory – President, Universidad del Pacífico, Peru

Dr. María de Lourdes Dieck-Assad – Former Dean, EGADE Business School, Mexico

Dr. Rafael Gómez Nava – Dean, IPADE Business School, Mexico

Prof. Ernesto Gore – Former Dean, School of Management and Business, and current Director of the Master's in Organizational Studies, Universidad de San Andrés, Argentina

Prof. Pedro Hidalgo Campos – Former Director, Business Administration Department, School of Economics and Business, Universidad de Chile, Chile

Prof. Andrés Ibáñez T. – Former Dean and current Associate Dean for International Affairs and Executive Education, School of Business, Pontificia Universidad Católica de Chile, Chile

Dr. Gaston Juan Labadie López – Dean, School of Management and Social Sciences, Universidad ORT, Uruguay

Prof. Percy S. Marquina Feldman – General Director, CENTRUM Católica Graduate Business School, Peru

Dr. Francisco Héctor Ochoa Díaz – Dean, School of Administrative and Economic Sciences, Universidad ICESI, Colombia

Prof. Marcelo Paladino – Former Dean and current Director of Accreditations, IAE Business School, Universidad Austral, Argentina

Dr. Carlos Enrique Ramírez Robledo – Masters Director, School of Administrative and Economic Sciences, Universidad ICESI, Colombia

Mr. Carlos Ramos – International Advisor for Latin America, Association of MBAs

Dr. Jorge Talavera Traverso – Rector, Universidad ESAN, Peru

Mrs. Mónica Sacristán Fanjul – VP, Executive Development, ITAM, Mexico

Dr. Mauricio G. Villena – Dean, Business School, Universidad Adolfo Ibáñez, Chile

Prof. James Terence Coulter Wright – Dean, FIA – Fundação Instituto de Administração, Brazil

Dr. Javier Yáñez Arenas – Former Dean, School of Management, Universidad de los Andes, Colombia